BUDDHISMUS

GRUNDRISS

VERTIEFUNGEN

ANHANG

Zitierweise: Obwohl die Texte des buddhistischen Kanons nicht in Sanskrit, sondern in Pāli verfasst wurden und sich erst die spätere mahāyānistische Tradition wieder des Sanskrits als Sprache bediente, sind die fremdsprachlichen Begriffe, die im Folgenden vorkommen, in der Regel in ihrer sanskritischen Form wiedergegeben. Lediglich Begriffe, die sich als ausschließliche termini technici eingebürgert haben, werden in Pāli wiedergegeben. Grammatikalisch falsches Plural-S bei Sanskritwörtern wird gemäß neuerem indologischem Brauch mit einem Divis vom Wort abgesetzt.

Die Textstellen des Kanons sind nach der englischen Übersetzung der Ausgabe der Pāli-Text-Society zitiert. Die Zahl vor dem Komma verweist auf den Band, die Zahl danach auf die jeweiligen Seiten.

ā .... wie in haben	ṇ .... wie in Nuss
c .... wie tsch	ñ .... wie in engl. canon
ch ...... wie in engl. staunch-heart	ṅ .... wie in singen
ḍ .... wie in dann	ū .... wie in Hut
ḥ .... wie ch	ṛ .... wie ri in rinnen
ī .... wie in Bibel	ṭ .... wie in tönen
jh .... wie in engl. hedge-hog	ḍh ...... wie in Südhälfte
j .... wie dsch	ś .... wie in schwarz
ḷ .... wie Engel	ṣ .... wie in Marsch
ṃ .... wie in engl. jam	v .... wie in Vene

GRUNDRISS

1. DAS LEBEN BUDDHAS

Der Buddhismus ist wie das Christentum oder der Islam eine Religion, die sich, anders als Judentum und Hinduismus, auf eine Stifterperson zurückführen lässt. Doch wer war jener aus Nordindien stammende Mann, der den Ehrentitel Buddha trug, was der Erleuchtete oder Erwachte heißt, und der als Gründer des Buddhismus gilt? Über das Leben des historischen Siddhārtha Gautama, der ein Abkömmling aus dem Gautama-Geschlecht der Śākyas war, liegen nicht allzu viele historisch zuverlässige Zeugnisse vor. Das meiste, was von ihm bekannt ist, stammt aus den buddhistischen Schriften. Dies veranlasste vereinzelte Forscher zu der These, dass Buddha gar keine historische Gestalt gewesen sei. Der Fund von Reliquienresten in einem Stupa bei Kapilavastu (Buddhas Heimatstadt) aus dem Jahr 1898 nahm dieser These etwas Wind aus den Segeln, da die Urne mit einer Aufschrift versehen war, die festhält, dass es sich um die Überreste Buddha Śākyamunis handle, die von seinen Geschwistern gestiftet wurde. Die Bestimmung seines Geburtsjahres bereitet aber einige Schwierigkeiten. In einigen buddhistischen Ländern gilt das Jahr 624 v.Chr. als das Jahr, in dem Buddha das Licht der Welt erblickte. In der westlichen Forschung ging man lange Zeit eher von 560 v.Chr. als Geburtsjahr aus. Die neuere Buddhismusforschung tendiert jedoch z.T. dazu, ihn noch einmal gut hundert Jahre jünger zu machen. Die Uneinigkeit in der Bestimmung des Geburtsjahres hängt mit den verschiedenen ceylonesischen Chroniken zusammen, die als Quellen dienen. Berechnungsgrundlage für das Todesjahr Buddhas ist das Jahr der Thronbesteigung Kaiser Aśokas, die 218 Jahre nach Buddhas Tod stattgefunden haben soll. Weil sich die ceylonesischen Chronisten aber zum Teil um 60–70 Jahre verzählten, wurde das Datum von

Buddhas Geburt nach vorne korrigiert. Diejenigen, die Buddha noch jünger machen, begründen dies damit, dass die Thronbesteigung Aśokas hundert Jahre nach Buddhas Tod stattgefunden habe. Relativ sicher ist, dass Buddha 80 Jahre alt wurde.

Die königliche Herkunft Buddhas, von der die buddhistische Tradition berichtet, beruht auf einer etwas geschönten Darstellung. Buddha selbst berichtet, wie sein Vater einen Acker bestellte, keine wirklich königliche Beschäftigung im 6. Jh. v. Chr. in Indien. Vermutlich hatte Buddhas Vater, der Śuddhodana hieß, das Amt des Vorsitzenden der Ratsrepublik des Śākya-Geschlechts inne. Eine der Geburtslegenden berichtet, dass Buddha als Bodhisattva in einem der zahlreichen Himmel weilte und von den Göttern aufgefordert wurde, sich als Mensch zu inkarnieren. Er wählte Königin Māyā aus dem Śākya-Geschlecht als Mutter, der er sich als weißer Elefant offenbarte und in ihre rechte Lende eindrang, um sie so auf quasi jungfräuliche Art zu befruchten. Seine leibliche Mutter Māyā starb kurz nach seiner Geburt, so dass er von deren Schwester, die den Namen Prajāpatī trug, groß gezogen wurde. Prajāpatī war wie ihre Schwester mit Śuddhodana verheiratet. Auch wenn im Hinduismus normalerweise die Monogamie gepflegt wurde, galt das nicht in Herrscherhäusern. Prajāpatī war es, die später so lange in ihren Stiefsohn drang, bis dieser der Gründung des weiblichen Ordenszweigs zustimmte.

Als Sohn eines Abkömmlings der Kriegerkaste (kṣatriya) wurde Siddhārtha als Kind und Jugendlicher gemäß seiner Herkunft ausgebildet und mit 16 Jahren mit seiner Cousine verheiratet. Erst nach 13 Jahren Ehe kam der für die indische Familie unabdingbare Sohn zur Welt. Die Geburt eines Sohnes galt im Hinduismus deswegen für unverzichtbar, da nur durch ihn die Totenriten bei der Verbrennung der Eltern ausgeführt werden konnten, die für deren Weiterleben im Jenseits notwendig waren; eine Vorstellung, die noch heute im Hinduismus lebendig ist. Es erstaunt daher nicht, dass Buddha erst nach der Geburt seines Sohnes Rāhula sein Asketenleben begann.

Was aus moderner westlicher Sicht eher hartherzig klingt, dass ein Vater seine Familie verlässt, war im indischen Kontext durchaus gesellschaftlich sanktioniert. Der Hinduismus kennt vier Lebensstadien, die ein Mann aus den oberen Kasten durchlaufen soll. Nach der Schülerschaft, dem ersten Stadium, und der Erfüllung der familiären Pflichten, dem zweiten Stadium, folgt ein Leben als Waldeinsiedler und dann als Asket, aber eben erst dann. Die zurückgebliebene Familie wurde in der Regel durch die Großfamilie versorgt. Auch wenn die hinduistische Lehre von den vier Lebensstadien vermutlich aus der nachbuddhistischen Zeit stammt, waren Ansätze davon schon zur Zeit Buddhas vorhanden.

Der Grund für die Entscheidung Buddhas, ein Asketenleben zu führen, wird in der Geschichte von den vier Ausfahrten genannt. Nachdem Buddhas Vater, so die Legende, prophezeit worden war, dass sein Sohn entweder ein bedeutender Herrscher oder ein großer Asket werden würde, je nachdem, ob ihm der Anblick menschlichen Leids erspart bliebe oder ob ihm ein Asket den Weg aus dem Leid weisen würde, versuchte er seinen Sohn mit allen Mitteln vom Anblick des Leids fernzuhalten. Dazu verwöhnte er ihn im Palast nach allen Regeln der Kunst.

Irgendwann unternahm der junge Prinz aber doch vier Ausfahrten hinaus aus dem Palastbezirk, bei denen er zunächst einem Alten, bei einer weiteren Ausfahrt einem Kranken, und schließlich einem Toten und dann einem Asketen begegnete. Nachgefragt bei seinem Kutscher, ob alle Menschen alt und krank würden und schließlich sterben müssten, erhielt er zur Antwort, dass dies das Schicksal aller Menschen sei, auch sein eigenes. Auf die Frage, wer der Asket sei und was er tue, erhielt er zur Antwort, dass dies ein Mensch sei, der einen Weg zur Überwindung des Leids gefunden habe. Dies war für Siddhārtha der Auslöser, sein luxuriöses Palastleben aufzugeben und in die Hauslosigkeit zu ziehen, um das Leben eines Asketen zu führen.

Mit 29 Jahren zog Buddha gegen den Willen der Eltern, wie er selbst berichtet, die Robe der Wanderasketen an, die zu seiner Zeit eine nicht unerhebliche Gruppe in Indien darstellten, legte seinen Schmuck ab, rasierte sich Bart- und Haupthaar und folgte dem Pfad der Entsagung (Majjhima-Nikāya 1,207). Die bei vielen plastischen Darstellungen Buddhas zu erkennenden langen Ohrläppchen sollen auf diesen Verzicht des luxuriösen Lebens verweisen. Ihr Ausgedehntsein resultierte vom Tragen des vielen schweren Ohrschmucks.

Zunächst schloss er sich Ārāḍa Kālāma an, bei dem er in die Meditation eingeführt wurde. Schon nach kurzer Zeit war er sich jedoch sicher, dort nicht den Weg zur Beendigung des Leidens zu finden, weswegen er sich einen neuen Lehrer, Udraka Rāmaputra, suchte. Dieser machte ihn mit den Grundlehren der upaniṣadischen Ātmanlehre vertraut und einer Meditation, die den Bereich von Weder-Wahrnehmung noch Nicht-Wahrnehmung zum Ziel hatte. Diese begegnet uns wieder als die letzte Stufe der vier formlosen Vertiefungen, den arūpa-dhyāna-s der buddhistischen **Meditation**. Aber auch bei diesem Lehrer blieb Buddha nicht lange. Nun begann die radikalste Phase in seinem Leben. Ohne Lehrer zog er sich in die Einsamkeit zurück, wo er sich extremen Askesepraktiken unterwarf. Diese im Sanskrit tapas genannten Übungen, was so viel wie Hitze heißt, erfreuten sich im asketischen Umfeld der Wandermönche seiner Zeit größter Beliebtheit. Typische tapas-Übungen waren z.B. der Nahrungs- und Schlafentzug. Viele Asketen aßen nur jeden zweiten Tag oder ernährten sich ausschließlich von Milch. Manche verharrten in einer einzigen Körperhaltung, andere setzten sich nie mehr hin oder lagen nur auf einer Seite etc. Buddha indes nahm nun so wenig Nahrung zu sich, dass er bis zum Skelett abmagerte. Als er jedoch erkannte, dass er auch so seinem Ziel kein Stück näher gekommen war, ließ er von dieser radikalen Askese ab.

Wie die Tradition berichtet, beschloss er daraufhin, so lange unter einem Bodhibaum zu meditieren, bis ihm Erleuchtung zuteil werden

Hungerbuddha (2./3. Jahrhundert, Detail)

würde. Ein Unterfangen, das dem Herrn der Finsternis und der Zerstörung, dem Gott Māra, Angst und Schrecken einflößte, da er um seine Macht fürchtete. Māra gilt als derjenige, der den schier ewigen Kreislauf der Wiedergeburt, den saṃsāra, am Laufen hält. Um zu verhindern, dass Buddha endgültig das Rad der Wiedergeburten verlässt, versuchte Māra ihn mit allen Mitteln von seinem Vorhaben abzuhalten. Der Erfolg Māras glich jedoch nur dem des Teufels, der Jesus entsprechend der neutestamentlichen Berichte in Versuchung zu führen gedachte, beide scheiterten kläglich. Weder die Versprechung, Weltenherrscher zu werden, noch die Verführungskünste von Māras Töchtern, noch der Einsatz des Dämonenheers gegen Buddha konnten diesen vom Erreichen des Nirvāṇa abhalten.

Nach den legendarischen Berichten der buddhistischen Hagiographien bestand das größere Problem für die Welt nun darin, den völlig Erwachten dazu zu bringen, seine Heilslehre allen zu verkünden. Buddha hatte nämlich nicht nur das karmische Gesetz, welches den unendlichen Strom von Wiedergeburten bedingt, und den Weg zu dessen Aufhebung, erkannt, sondern er hatte auch gesehen, dass diese Lehre zur Leidbeseitigung kaum ein Lebewesen verstehen würde. In den vier Wochen, die Buddha nach seinem Eintritt ins Nirvāṇa unter dem Bodhibaum sitzen blieb, versuchte Māra den Erwachten ein letztes Mal, in der Hoffnung, ihn dazu bringen zu können, seinen Körper aufzugeben, um in das endgültige Nirvāṇa einzutreten und niemandem seine Lehre zu verkünden. Es bedurfte nun eines hinduistischen Gottes, damit das Rad der Lehre und der Erlösung für alle zu laufen beginnen konnte. Brahmā, der Weltenschöpfer, redete Buddha am Ort seines Erwachens in Bodhgayā ins Gewissen und ermahnte ihn, sein Heil nicht selbstsüchtig zu genießen, sondern allen Wesen die befreiende Botschaft zu verkünden. Aus Mitleid erhob sich nun der Erwachte und beschloss, die ihm verbleibenden 45 Jahre der Verbreitung seiner Heilslehre zu widmen.

Die Ersten, die in den Genuss dieser Lehre kamen, waren ihm keine Unbekannten. Es handelte sich um fünf ehemalige Weggefährten, die ihm einst aus Bewunderung über seine harte Askese folgten, sich aber enttäuscht von ihm abgewandt hatten, nachdem er diese aufgegeben hatte. Noch unsicher, ob sie dem Abtrünnigen glauben könnten, erkannten die fünf Asketen schnell, dass Buddha tatsächlich das von allen angestrebte Ziel der Erlösung verwirklicht hatte. In seiner ersten öffentlichen Predigt, der sie beiwohnten, erklärte Buddha, dass der Weg der Erlösung ein Weg der Mitte zwischen den beiden Extremen von radikaler Askese und dem Verhaftetsein an das Sinnliche ist. Welcher Art dieser Mittelweg zwischen den Extremen ist, wird deutlich, wenn man Buddhas Anweisungen an seine Mönche betrachtet, die ihnen z. B. vorschreiben, nicht zweimal unter ein und demselben Baum zu schlafen, ja überhaupt nicht länger als ein paar Stunden in der Nacht zu schlafen, nach dem Mittag keine Nahrung mehr zu sich zu nehmen etc. Mit einem gemütlichen Sich-durch-die-Mitte-Lavieren hat dieser Mittelweg wahrlich nichts gemein.

2. DIE GRUNDLEHRE

2.1 Die vier heiligen Wahrheiten

Nachdem Buddha zur Erleuchtung gekommen war, legte er in seiner ersten öffentlichen Predigt, in der Predigt von Benares, seine Grundlehre dar, die sich in vier so genannten Heiligen Wahrheiten zusammenfassen lässt: die Wahrheit vom Leiden, vom Ursprung des Leidens, von der Aufhebung des Leidens und vom Weg zur Aufhebung des Leidens. Was bedeutet es, wenn Buddha in seiner ersten heiligen Wahrheit verkündet: alles ist Leiden? Man hat den Buddhismus aufgrund dieser Aussage oftmals des Pessimismus bezichtigt. Der scheinbar pessimistische Anstrich dieser Aussage löst sich auf, wenn man die ihr zugrunde liegende metaphysische Lehre betrachtet. Buddha charakterisiert alles als leidvoll, weil nichts in diesem Dasein ewig und an sich ist. Drei Kennzeichen (lakṣaṇa) beschreiben daher diese Welt: Nicht-Selbstheit anātman (Pāli: anattā); Vergänglichkeit anityatā (Pāli: aniccatā) und Leidhaftigkeit duḥkha (Pāli: dukkha). Alles Existierende unterliegt einem ewigen Wandel und hat aus sich keinen Bestand. Diese Wandelhaftigkeit des Seienden bezeichnet Buddha als leidvoll. Nichts ist aus sich und an sich, alles steht in einem relationalen Geflecht und bedingt sich gegenseitig. Diese Lehre vom Bedingten Entstehen wird in Sanskrit pratītyasamutpāda genannt.

Die Lehre vom Bedingten Entstehen findet im so genannten zwölfgliedrigen Kausalnexus ihre Ausdrucksform. Jedes Glied bedingt das nächste, so dass alle untrennbar miteinander verwoben sind. Das erste Glied ist das Nichtwissen. Durch (1) das Nichtwissen (avidyā) der vier heiligen Wahrheiten sind die (2) Gestaltungstendenzen (saṃskāra), das Wollen, bedingt, die den Taten vorausgehen. Ohne ein Tun-Wollen kann es keine Tat geben. Aus diesem Grund zählt im Buddhismus der Gedanke an eine Tat karmisch betrachtet genauso wie die Tat selbst. Diese Tatabsichten bedingen das (3) Bewusstsein (vijñāna), welches (4) die Geistigkeit und Körperlichkeit (nāma-rūpa), Synonyme für das, was den Menschen als Person ausmacht, der nächsten Existenz verursacht. Die ersten drei Glieder führen also zur Wiedergeburt.

Durch die Personhaftigkeit sind die (5) sechs Sinnes-Grundlagen (ṣaḍāyatana) bedingt. Die indische Tradition kennt wie die alte griechische sechs Sinne: Sehen, Hören, Riechen, Schmecken, Fühlen und Denken. Diese sechs führen zum eigentlichen (6) Sinnes-Eindruck (sparśa), der eine (7) Empfindung, ein Gefühl (vedanā) hervorruft. Dieses Gefühl erzeugt ein (8) Begehren (tṛṣṇā), einen Durst, der dazu führt, dass nach dem Tod eine neue Geburt, ein neues Ergreifen des Lebens (upādāna) (9) erstrebt wird.

Es kommt durch dieses Ergreifen zu einem neuen (10) Dasein/Werden (bhava), das in die (11) Geburt (jāti) mündet, welche zu (12) Altern und Tod (jarāmaraṇa) führt. Der Zwölfgliedrige Kausalnexus beinhaltet in dieser Darstellung drei Existenzweisen, die durch zwei Wiedergeburten unterbrochen sind. Entscheidend ist, dass alles mit allem verbunden ist, dass sich alles in einem beständigen Wandel befindet. Was sich wandelt, ist nicht ewig und deswegen leidvoll.

Buddha sah durchaus, dass es schöne und friedvolle, d.h. aktuell nicht leidhafte Aspekte im menschlichen Dasein gibt, doch unterliegen auch diese dem Gesetz des Wandels und damit der Vergänglichkeit. Liebe ist deswegen leidvoll, weil sie vergeht. Wer liebt und denjenigen verliert, den er liebt, wird leiden. Da alles in dieser Welt aus Gegensatzpaaren aufgebaut ist, kann das eine nur durch die Kenntnis des anderen erfahren werden. Liebe nur durch Leid, Schönes nur durch Hässliches etc. Aufgrund dieser Struktur der Erkenntnis und des geistigen Aufbaus der Welt kann es in dieser Welt nichts Absolutes, Ewiges und Unveränderliches geben. Leid hat daher seine Ursache im Nicht-Einsehen dieses Sachverhaltes, wie die zweite heilige Wahrheit lehrt.

Da sich der Buddhismus von seiner Grundanschauung stets als Heilslehre verstand, die das ewige und dauerhafte Heil des Menschen im Blick hat, ist es einsichtig, dass Buddha das, was vergänglich ist, nicht als heilsförderlich betrachten konnte. Ihm ging es nicht darum, den Menschen zu zeigen, wie ein angenehmes Leben in der Welt zu verwirklichen sei, sondern wie sie Erlösung aus der Verstrickung in den Wandel erlangen können. Buddha verglich sich in seinem Tun mit einem Arzt, der einen vom Pfeil getroffenen Mann heilt, indem er den Pfeil entfernt und die Wunde versorgt, ohne vorher viele Fragen zu stellen, über deren Beantwortung der Patient versterben könnte. Da das Leid selbst nur ein Aspekt dieser Welt ist und im Gegensatz zum Nicht-Leid steht, ist es selbst nicht ewig und unveränderlich. Aus diesem Grund ist Leid beendbar, wie die dritte heilige Wahrheit betont. Damit dürfte auch einsichtig sein, dass das Leid, von dem Buddha spricht, nicht primär psychischer, sondern ontischer Natur ist. Dass die Suche nach dauerhaftem Heil im Wandelbaren, die von Beginn an zum Scheitern verurteilt ist, tatsächlich auch existenzielles Leid hervorrufen kann, wird damit nicht geleugnet.

Die Betonung der Wandelbarkeit alles Existierenden schließt für Buddha auch die eigene Lehre ein. Obwohl die verschiedenen Schulen des Buddhismus durchaus dogmatische Positionen entwickelten, betonte dessen Stifter selbst immer den vorläufigen Charakter seiner Lehre. Sie ist ein Weg zum Heil, jedoch nicht das Heil selbst, da dieses frei von allen Konzepten, Vorstellungen und Bedingtheiten ist. Buddha verglich seine Lehre mit einem Floß, das dienlich ist, einen Fluss zu überqueren, das aber seinen Nutzen verloren hat, sobald das andere Ufer erreicht ist. (Majjhima-Nikāya 1,173) Vermutlich ist es gerade diese adogmatische Haltung neben der stringenten Ethik, die viele Menschen im Westen am Buddhismus so fasziniert.

Die letzte der vier heiligen Wahrheiten beschreibt dann einen gangbaren Weg, wie das Leid realiter auch überwunden werden kann. Dieser Weg ist der so genannte Achtfache Pfad.

2.2 Der Achtfache Pfad

Der Achtfache Pfad besteht aus drei Aspekten: der Ethik, der Erkenntnis und der Meditation. Die ersten beiden Stufen betreffen die Erkenntnis. Der erste Schritt beginnt mit der vollkommenen Einsicht, die sich in der Anerkennung der vier Heiligen Wahrheiten und in der Einsicht in das Kausalgeschehen alles Existierenden artikuliert. Wer diese Einsicht vollzogen hat, der schreitet zum vollkommenen Entschluss voran. Dieser bezieht sich nicht nur auf die Verwirklichung des Achtfachen Pfades im eigenen Leben, sondern auch auf einen Haltungswechsel im eigenen Tun, der sich durch absolutes Mitleid allem und jedem gegenüber manifestiert. Damit ist der erkenntnisorientierte Teil abgeschlossen und der ethische beginnt.

Auf diesem ethischen Weg ist es zunächst notwendig, sein Reden und Denken nach den Maßstäben der Wahrhaftigkeit auszurichten. Die vollkommene Rede beinhaltet also nicht nur das Abstandnehmen vom Lügen, sondern sie fordert, wahrhaftig zu sein und zu denken. Weil die Ursache alles üblen Tuns stets im vorausgegangenen Gedanken liegt, deswegen sind besonders die Gedanken zu kontrollieren. Wo dies gelingt, steht das vollkommene Handeln im Zentrum. Hierunter kann man die fünf ethischen Grundregeln des Buddhismus subsumieren, die man auch als Fünffache Rechtschaffenheit bezeichnet. Der Schüler gelobt, sich unheilvoller Dinge wie Töten, Stehlen, Ehebrechen, Lügen und des Konsums berauschender Getränke sowie des Konsums von Drogen zu enthalten. Bis auf das fünfte lassen sich alle anderen auch in den jüdisch-christlichen Zehn Geboten wieder finden. Der fünfte Teil des Achtfachen Pfades ist die vollkommene Lebensweise, die darauf ausgerichtet ist, keinem Lebewesen Leid zuzufügen. Ihre metaphysische Grundlage ist die **Lehre vom**
→S. 80 **Nicht-Schädigen**. Damit ist der ethische Teil abgeschlossen.

Nun folgt noch der die Meditation betreffende. Die sechste Stufe wird mit vollkommener Bemühung umschrieben. Diese zielt darauf,

Positives in sich zu mehren und Negatives zu verringern. Im Zustand der vollkommenen Aufmerksamkeit oder Achtsamkeit, der siebten Stufe, erfolgt eine Kontrolle aller psycho-physischen Prozesse im Menschen, die für den achten Teil des Weges, die vollkommene Sammlung, Bedingung ist. Die siebte Stufe spielt als eigene Meditationsform in der buddhistischen Tradition eine wichtige Rolle. Wer in der vollkommenen Sammlung weilt, hat das Heilsziel des Buddhismus, die Erleuchtung erlangt. Das Originalwort dafür lautet samādhi, was eben so viel wie ›Zusammenstellung‹, ›Synthese‹, ›Sammlung‹ bedeutet. Was die vollkommene Sammlung anbelangt, so wurden von ihr in der buddhistischen Lehre noch verschiedene Intensitätsstufen entwickelt.

2.3 Die Lehre vom Nicht-Selbst

Im Zusammenhang mit den vier heiligen Wahrheiten wurde schon ein wesentlicher Aspekt der buddhistischen Lehre, der im Lauf seiner Geschichte viele Missverständnisse hervorrief, angesprochen, die Anattā-Doktrin. Die Lehre vom Nicht-Selbst richtet sich nach gängigem Verständnis gegen die hinduistische Anschauung, dass alles in Wahrheit Ātman sei. Ātman ist nach hinduistischer Vorstellung das wahre Wesen des Menschen, das die absolute Wirklichkeit selbst ist. Im Menschen manifestiert sich diese als Ātman, ansonsten spricht man von Brahman, nicht zu verwechseln mit dem hinduistischen Gott Brahmā. Dazu sind zwei Dinge zu sagen: Auch wenn dieser Ātman im Hinduismus z.T. sehr substanzialistisch verstanden wurde, wurde diese Interpretation dort selbst korrigiert. Ātman ist keine Substanz, kein Etwas, sondern reine, ungeteilte Wirklichkeit. Er ist weder dies noch das (neti-neti). Zum zweiten hat der Hinduismus, wenn er von Ātman als der reinen Wirklichkeit spricht, nicht das Ego des Menschen im Blick. Dies ist wichtig, da die spätere buddhistische Tradition gerade diesen Vorwurf gegen den Hinduismus vorbrachte und deswegen die Ātmanlehre verwarf.

Buddhas Grundlehre bezüglich des Menschen basierte auf einer radikalen Daseinsanalyse. Die alltägliche Annahme eines in sich geschlossenen Wesens erweist sich bei einer gründlichen Untersuchung als nicht haltbar. Alles, was zum Vorschein kommt, sind fünf Faktoren, die da wären Körper, Empfindung, Wahrnehmung, Disposition und Bewusstsein, die in ihrem Zusammenspiel so etwas wie ein Ego konstituieren. Diese Faktoren, skandha-s genannt, sind wie alles Weltliche nicht an sich. Sie sind anattā. Ihr Zusammenspiel erfolgt aber so bruchlos, dass der Eindruck entsteht, es handle sich hier um ein in sich geschlossenes Wesen.

In der quasi kanonischen Schrift Milindapañha, die eine der wichtigsten Schriften des Theravāda-Buddhismus ist, wird u.a. die Frage nach dem Wesen des Menschen erläutert. Ihren Titel hat sie vom Protagonisten der Schrift, König Milinda, auf griechisch Menandros, der etwa um die Zeitenwende in Baktrien, dem heutigen Afghanistan, herrschte und sich zum Buddhismus bekannte. In diesem Werk wird er von dem buddhistischen Mönch Nāgasena in die Lehre des Buddhismus eingeführt. Nāgasena (1. Jh. n. Chr.) wählt zur Erläuterung der nicht ganz leicht verständlichen Lehre des Nicht-Selbst das Beispiel eines Kutschenwagens. Ein Wagen besteht aus vielen Teilen, z.B. den Rädern, der Deichsel, dem Sitz etc., und dennoch macht nicht das Rad oder der Sitz das Wesen des Wagens aus, da der Wagen mehr ist als seine Einzelteile. Wenn man versucht, das Wesen des Wagens zu finden, stellt man fest, dass es nicht zu finden ist, obwohl man den Wagen wahrnimmt und ihn gebraucht. Entsprechend verhält es sich auch mit dem Wesen des Menschen:

»›Nun, wenn du mit dem Wagen gekommen bist, o König, so erkläre mir denn, was ein Wagen ist! Ist wohl vielleicht die Deichsel der Wagen?‹

›Nicht doch, o Herr!‹

›Oder die Achse?‹

›Nicht doch, o Herr!‹

›Oder sind die Räder oder der Wagenkasten oder der Fahnenstock oder das Joch oder die Speichen oder der Treibstock der Wagen?‹

›Nicht doch, o Herr!‹

›Dann sollen wohl diese Dinge, alle zusammen genommen, der Wagen sein?‹

,Nicht doch, o Herr!‹

›Oder soll etwa gar der Wagen außerhalb dieser Dinge existieren?‹

›Nicht doch, o Herr!‹

›Ich mag dich fragen, wie ich will, o König: den Wagen aber kann ich nicht entdecken. Soll etwa das bloße Wort ›Wagen‹ schon der Wagen selber sein?‹

›Nicht doch, o Herr!‹

›Nun, was ist denn dieser Wagen? Eine Unwahrheit sprichst du, o König, eine Lüge, denn der Wagen existiert ja gar nicht. Du bist doch, o König, der oberste Herr über ganz Indien. Aus Furcht vor wem lügst du denn da? Hört mich an ihr fünfhundert Griechen und zahlreichen Mönche! Dieser König Milinda behauptet, mit einem Wagen gekommen zu sein, doch auf meine Bitte hin, mir zu erklären, was ein Wagen ist, kann er mir einen solchen nicht nachweisen. Kann man so etwas wohl billigen?‹

Auf diese Worte spendeten die fünfhundert Griechen dem ehrwürdigen Nāgasena Beifall und sprachen zum König Milinda: ›Nun antworte, o König, wenn es dir möglich ist!‹

Und der König sprach zum ehrwürdigen Nāgasena:

›Ich spreche durchaus keine Lüge, ehrwürdiger Nāgasena. Denn in Abhängigkeit von Deichsel, Achse, Rädern usw. entsteht die Benennung, die Bezeichnung, der Begriff, die landläufige Ausdrucksweise, das bloße Wort *Wagen*.‹

›Ganz richtig, o König, hast du erkannt, was ein Wagen ist. Gerade so aber auch, o König, entsteht in Abhängigkeit von Kopfhaaren, Körperhaaren, Zähnen, Nägeln usw. die Benennung, die Bezeichnung, der

Begriff, die landläufige Ausdrucksweise, das bloße Wort *Nāgasena*. Im höchsten Sinne ist aber eine Persönlichkeit nicht vorzufinden.‹«

Die skandha-s, die hier den Bestandteilen des Wagens entsprechen, erzeugen also den Eindruck eines in sich geschlossenen Personenkerns, der sich bei einer näheren Betrachtung allerdings als Illusion entpuppt. Diese skandha-s formieren sich nach dem Tod entsprechend des jeweils erworbenen Karmas im vergangenen Leben neu und bilden schließlich wieder ein neues Ego, das den Schein erzeugt, es sei eine in sich geschlossene Größe. Durch dieses Verhaftetsein des Menschen an sein Ich erwirbt er nun wiederum Karma, was nach dem Tod und einem unterschiedlich langen Nachtodzustand zu einer neuen Wiedergeburt führt. Dies dauert so lange an, bis der Mensch existenziell die Illusion des Egos durchschaut hat und damit kein neues Karma und kein neues Leid mehr erwirkt. Dies meint Erleuchtung oder Erlösung.

Innerhalb der buddhistischen Gemeinde interpretierte man Buddhas Aussage, dass diese skandha-s, welche nicht an sich sind, dahingehend, als habe dieser verkündet, es gebe gar kein Selbst, d.h. keinen Ātman. Was aber meinte Buddha, als er lehrte ›dieses Selbst bin ich nicht‹? Zunächst eben nur, dass das empirische Ich nicht das Selbst ist. Über die Existenz oder Nicht-Existenz eines Selbst oder Nicht-Selbst ist damit jedoch noch nichts ausgesagt, sondern nur, dass die fünf skandha-s nicht das Wesen des Menschen sind. Es soll im Umkehrschluss jedoch nicht behauptet werden, Buddha habe gelehrt, es gebe einen Wesenskern oder eine Seelensubstanz im Menschen. Jede Form des Substanzialismus ist unhaltbar angesichts der Wandelbarkeit der Welt. Aber auch jede Form des Nihilismus ist unhaltbar, weil sie als Gegensatz dazu nur das andere Extrem darstellt.

Wer sich von allen falschen Vorstellungen frei macht, erkennt die Wirklichkeit, die auch in ihm existent ist. Dies ist wohl der Grund, weswegen Buddha lehrt: »So sucht denn, Ānanda, hienieden Leuchte und Zuflucht in euch selbst, nirgends sonst, und sucht in der Lehre der Wahrheit Leuchte und Zuflucht, nirgends sonst.« (Dīgha-Nikāya 2,100,26). Das eigene Selbst, d.h. der eigene Ātman (!) ist die Zuflucht, weil er die Wirklichkeit an sich ist. Die spätere buddhistische Tradition spricht daher auch von der jedem Menschen innewohnenden Buddhanatur. Diese Wirklichkeit ist aber nichts Substanzhaftes oder etwas Ontisches. Sie ist die reine unverstellte Wirklichkeit (Nirvāṇa) ohne Bedingtheit, Relation etc. An einigen Stellen im Pāli-Kanon lässt sich der Bezug auf die upaniṣadische Ātman-Lehre noch deutlich erkennen, den die Abhidharma-Philosophie zu tilgen versuchte, wodurch ein wesentlicher Aspekt der Lehre Buddhas in eine gewisse Richtung umgedeutet wurde.

2.4 Nirvāṇa

Zusammen mit der Lehre vom Nicht-Selbst erzeugte die Nirvāṇa-Vorstellung wohl die meisten Missverständnisse. Aufgrund der negativen Umschreibungen dessen, was Nirvāṇa meint, wurde dem Buddhismus oftmals unterstellt, er vertrete einen Nihilismus. Nirvāṇa ist jedoch kein Nichts. So lehrt Buddha im Itivuttaka: »Es gibt, ihr Jünger, ein Ungeborenes, Ungewordenes, Unerschaffenes, Ungestaltetes. Wenn es, ihr Jünger, dieses Ungeborene, Ungewordene, Unerschaffene, Ungestaltete, nicht gäbe, so wäre hier ein Ausweg aus dem Geborenen, Gewordenen, Erschaffenen, Gestalteten, nicht zu erkennen.« (Itivuttaka, 43). Dieses Ungeborene, Ungewordene, Unbedingte ist Nirvāṇa. Nirvāṇa beschreibt also nicht den Zustand einer Vernichtung im nihilistischen Sinne. Dass die nihilistische Fehlinterpretation von Nirvāṇa kein europäisches und neuzeitliches Phänomen war und ist, davon zeugen die buddhistischen Texte selbst, die Nirvāṇa immer wieder in diese Richtung auslegten.

So musste Buddha seine Lehre gegen zwei wesentliche Fehlvorstellungen verteidigen: den Seinsglauben und den Nichtsglauben. Während die Seinsgläubigen Nirvāṇa als eine ontische Gegebenheit missverstanden, verstanden die Nichtsgläubigen dieses als radikale Vernichtung, als ein Nicht-mehr-Sein nach dem Tod. »Und wie, ihr Jünger, laufen die andern [am Ziel] vorbei? Einige nun, die im Gegenteil über eben das Werden niedergeschlagen sind, Unbehagen darüber empfinden, von Abneigung dagegen erfüllt sind, haben ihr Wohlgefallen an der Vernichtung. Da nun, wie sie sagen, dies Ziel darin besteht, daß man bei der Auflösung des Körpers, jenseits des Todes ausgerottet, vernichtet wird, jenseits des Todes nicht mehr ist, so wähnen sie: ›Dies ist das Friedvolle, dies das Hocherhabene, dies das Gewisse.‹ So nun, ihr Jünger laufen sie [am Ziel] vorbei.« (Itivuttaka, 49).

Zu zeigen, weswegen diese beiden Positionen falsch sind, war eine Aufgabe, der sich besonders der Mittelwegbuddhismus verschrieb. So verdeutlicht der bedeutendste Philosoph dieser Schule, Nāgārjuna, warum Nirvāṇa weder ein Sein noch ein Nichtsein sein kann. Beide sind aufeinander bezogen und bedingen sich. Man kann nicht von einem Sein sprechen, ohne sein Gegenteil mitzudenken, genauso wenig, wie man von einem Nichtsein ohne Sein sprechen kann. Was aber bedingt ist, ist relational und deswegen nicht das ›Absolute‹. Da Nirvāṇa aber gerade das Unbedingte ist, kann es weder Sein noch Nichtsein sein (Nāgārjuna, Mūlamadhyamakakārikā, 25,4–10). Wer Nirvāṇa als eine ontische Gegebenheit versteht, der muss akzeptieren, dass es entsteht und vergeht, denn alles, was ist, ist einmal entstanden und wird wieder vergehen.

Da Nirvāṇa aber gerade etwas Unwandelbares sein soll, kann es keine ontische Gegebenheit sein. (Candrakīrti Prasannapadā 525, Sprung 252). Nirvāṇa ist die Wirklichkeit, wie sie ist und deshalb steht es auch nicht im Gegensatz zur Wandelwelt. »Es ist nicht irgendwelcher Unterschied des saṃsāra vom nirvāṇa, / Es ist nicht irgendwelcher Unterschied des nirvāṇa vom saṃsāra.« (Nāgārjuna, Mūlamadhyamakakārikā, 25,19). Die Unterscheidung zwischen Nirvāṇa und saṃsāra ist eine Differenzierung des unerleuchteten diskursiven Be-

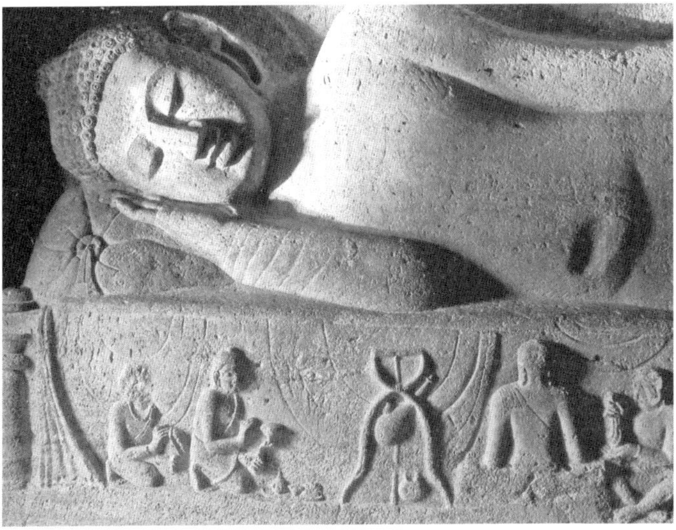

Parinirvāṇa (vollständiges Erlöschen Buddhas). Hochrelief aus den Klosterhöhlen von Ajaṇṭā

wusstseins. Aus didaktischen Gründen mag es sinnvoll und zulässig sein, zwischen beiden Aspekten zu unterscheiden, da vom Standpunkt des Unerleuchteten aus Nirvāṇa tatsächlich als ein zu erstrebendes Ziel erscheint. Nirvāṇa entspricht einem ›Soll-Zustand‹, der im Gegensatz zum ›Ist-Zustand‹ des unerleuchteten Daseins steht. Der ›Erwachte‹, d.h. der Erleuchtete, sieht hingegen, dass es keinen Unterschied gibt, da die Wirklichkeit non-dual ist. Wer Nirvāṇa für ein Etwas hält, eine Überrealität etc., der ist nach Buddha unrettbar verloren (Majjhima-Nikāya 1,5–6), da er die unheilbringende Dualität nicht überwindet.

Weil Nirvāṇa nichts ist, kann es auch nicht beschrieben werden. Es ist, modern gesprochen, die Bedingung der Möglichkeit für Erlösung. Nirvāṇa ist kein Objekt, kein Ort, kein Bereich, keine Eigenschaft etc., denn als solches wäre es bedingt. Dies ist auch der Grund, weswegen

Buddha lieber in negativen, statt in positiven Begriffen vom Nirvāṇa spricht, denn positive Umschreibungen verführen dazu, sich allzu konkrete Vorstellungen von einer Sache zu machen. Damit wäre aber gerade das, wofür der Begriff Nirvāṇa steht, verfehlt. Nichtsdestotrotz beschreibt auch der Ur-Buddhismus Nirvāṇa mit positiven Begriffen. So wird es im Dhammapada als höchstes Glück bezeichnet (Dhammapada, 203, 204).

Die in der späteren mahāyānistischen Tradition häufig anzutreffende positive Konnotierung des Nirvāṇa ist also keine Verfälschung der ursprünglichen Lehre Buddhas, sondern bei diesem selbst schon anzutreffen, denn dieser charakterisiert Nirvāṇa als das Ende des Leidens, da es die gänzliche Vernichtung der ›(Lebens)Dürste‹ bedeutet. Der Durst oder die Gier (tṛṣṇā) nach Werden/Sein gilt deswegen in der buddhistischen Tradition neben der Unwissenheit (avidyā) als Grund für das Leiden. Die Gier unterteilt sich in eine Gier nach Sein/Werden, in eine Gier nach Lust und eine Gier nach Vernichtung. Neben der Gier und der Unwissenheit wurde oft noch der Hass (dveṣa) als Grund für das Leid genannt. Sie halten das Rad des Lebens und der Wiedergeburten am Laufen. Im Bhavacakra werden sie im innersten Kreis symbolhaft durch den Hahn (Gier), das Schwein (Unwissenheit) und die Schlange (Hass) dargestellt.

Nirvāṇa ist der ›Bereich‹, wo die Leidhaftigkeit beendet ist, weil der Drang zum Sein zur Ruhe gekommen ist, nachdem dieser als Wahn erkannt wurde. Damit ist auch die Unwissenheit durchschaut, die das Gefangensein im Daseinskreislauf verursacht. Oder wie es bei Nāgārjuna heißt: »Die Auslöschung der falschen Auffassung von Seiendem und Nicht-Seiendem wird Nirvāṇa genannt.« (Nāgārjuna Ratnāvalī, 42). Nirvāṇa meint das Zurruhekommen eines alles vergegenständlichenden Denkens (Candrakīrti, Prasannapadā 524, Sprung 251). Wer noch nach dem Sinn von Nirvāṇa fragt, zeigt mit dieser Frage, dass er nicht verstanden hat, wofür es steht (Saṃyutta-Nikāya, 3,188). Die Frage nach dem Sinn des Nirvāṇa ist Ausdruck des Verhaf-

Bhavacakra (Kreislauf des Lebens)

tetseins in den Kategorien von Dualität und Kausalität. Niemand, der Nirvāṇa erfahren hat, wird mehr nach dessen Sinn fragen, weil es gerade die Transzendierung aller Sinnfragen darstellt.

2.5 Wiedergeburt und Karma

Wie die Wiedergeburtslehre, so übernahm Buddha auch die Karmalehre aus der hinduistischen Tradition. Karma bezeichnet das Auseinanderhervorgehen von Folgen aus Taten und die Rückwirkung dieser Folgen auf den Verursacher innerhalb des Geflechts der all-vernetzten Phänomenwirklichkeit. Egal, was ein Mensch tut, Gutes oder Schlechtes, es wirkt sich immer auf ihn aus. Karma hat jedoch nichts mit Fatalismus zu tun, da das, was einem widerfährt, nicht von einer Schicksalsmacht verhängt wird, sondern das Resultat des eigenen Handelns ist. Da Karma nicht nur aus der Vergangenheit wirkt, sondern mit jedem Akt neu geschaffen wird, kann es beeinflusst werden. Wesentlich am Karmagedanken ist, dass der Mensch, solange er intentional handelt, Karma erwirbt, das seine nächste Wiedergeburt bestimmt. Ein Ausstieg aus dem Wiedergeburtskreislauf ist daher nur demjenigen möglich, dem es gelingt zu agieren, ohne sich mit seinem Tun zu identifizieren.

Es wurde immer wieder die Frage laut, wer sich denn wiedergebiert, wenn es keine unsterbliche Seele gibt, die von einem Körper in einen nächsten wandert. Der ›Träger‹ des Karmas ist keine Seelenmonade, sondern es sind die fünf skandha-s, die Daseinsfaktoren, die das menschliche Ego konstituieren. Nach dem physischen Tod des Körpers gruppieren sie sich, bedingt durch das fortwirkende Karma, um und manifestieren sich endlich wieder als eine ganz bestimmte Person.

Eine Wiedergeburt ist ähnlich wie im Hinduismus nicht nur als Mensch, sondern als Gott, als Titan, als Dämon, als Tier oder Geist möglich. Die sechs großen Felder im Bhavacakra versinnbildlichen diese Reiche. Man könnte nun meinen, dass eine Geburt als Gott das Beste sei, was einem Wesen widerfahren kann. Dem ist aber nicht so. Das einzige Wesen, das in diesem Dasein Befreiung erlangen kann, ist der Mensch. Alle anderen Lebensformen müssen erst als Menschen wiedergeboren werden. Für Buddha waren die Götter nur Wesen, die aufgrund guten Karmas ein besonders schönes Leben führen konnten, ohne aber schon aus dem Kreislauf der Wiedergeburten befreit zu sein. Weil sie das Leben in allen Annehmlichkeiten genießen, sehen sie nicht, dass das höchste Heil jenseits dieses Genusses liegt. Aus diesem Grund müssen auch sie sich als Menschen inkarnieren, um zum ewigen Heil zu gelangen.

Damit ist auch schon die Stellung der Götter in der frühbuddhistischen Tradition bestimmt. Sie sind für das Heil der Menschen irrelevant. Buddha bestritt zwar nie ihre Existenz, aber er schrieb ihnen auf dem Erlösungsweg auch nie eine bestimmende Rolle zu. Die letzte Wirklichkeit, die Buddha als Nirvāṇa bezeichnet, ist eben kein Himmelreich, das ein nettes, angenehmes Weiterleben nach dem Tod zum Gegenstand hat, sondern das Durchschauen aller Konditionierungen des Relativen und damit das Beenden des Leidens.

Innerhalb der Geschichte der verschiedenen buddhistischen Schulen änderte sich diese Anschauung allerdings. Besonders in der mahāyānistischen Tradition wurden die Götter wieder in das Heilssystem integriert. Aber auch in der volksreligiösen Ausprägung des Hīnayānabuddhismus nahmen sie schnell wieder ihren Platz ein. In beiden Richtungen fand zudem eine Vergöttlichung des Buddhas statt, der sich ja nie als Gott bezeichnete, sondern immer als ein Erwachter, was bei der Einordnung der Götter in Buddhas kosmologischer Vorstellung nur konsequent war, da ein Gott ja selbst noch des Heils bedürftig ist.

3. DIE BUDDHISTISCHE GEMEINSCHAFT: DER SAṄGHA

Mit seinen ersten fünf Anhängern wanderte Buddha umher und verkündete seine Lehre. Sie verbreitete sich schnell, denn zum einen gingen die Neugewonnenen selbst wieder auf Missionstour und zum anderen waren Wandermönche zur Zeit Buddhas in Indien eine bekannte Erscheinung. Mit den ersten Anhängern, die ihr weltliches Leben aufgegeben hatten und Buddha folgten, war de facto der buddhistische Orden gegründet. Zunächst gehörten ihm nur Männer an, einige Jahrzehnte später auch Frauen. Der Frauenorden entstand durch das Drängen von Buddhas Ziehmutter. Nachdem sie mehrmals erfolglos ihren Wunsch nach Mitgliedschaft im Orden Buddhas vortrug, nahm sich dessen Lieblingsjünger Ānanda der Sache an. Als Ānanda den Meister befragte, ob Frauen heilsfähig seien, bejahte Buddha dies, worauf Ānanda erwiderte, dass es dann wohl keinen Grund gäbe, sie nicht in den Orden aufzunehmen. Buddha ließ sich überreden, bestand aber darauf, dass Frauen acht zusätzliche Regeln einzuhalten hätten.

Auch wenn Buddha über die Gründung eines weiblichen Ordenszweigs nicht besonders erfreut war, weil er die Ordenszucht gefährdet sah, so richtete sich seine Lehre dennoch immer auch an Frauen. Verschiedene Geschichten des Pāli-Kanons berichten von Unterhaltungen Buddhas mit Frauen und davon, dass er diese ob ihrer tiefen Einsicht lobt, auch erklärt er immer wieder öffentlich, dass diese oder jene Anhängerin das Heil erreicht habe. Ob Buddha ein Frauenfreund war oder nicht, lässt sich aus den überlieferten Texten so nicht eindeutig beantworten. Einige Stellen zeigen eine eher frauenfeindliche Haltung, andere wiederum eine frauenfreundliche. Was diesbezüglich von Buddha selbst stammt und was ihm durch die spätere Tradition in den Mund gelegt wurde, lässt sich nicht mehr eruieren. Sicher ist, dass verschiedene negative Aussagen über die Frau im Zusammenhang mit der Ordensdisziplin zu sehen sind. Nichts gefährdet eine asketisch-zölibatäre Gemeinschaft mehr als das andere Geschlecht. Dies gilt nicht nur in Bezug auf die Frauen. Für die buddhistischen Nonnen war die größte Gefahr auf dem Weg eben der Mann, den es zu meiden galt und den man sich gerade nicht mit positiven und das Herz erfreuenden Eigenschaften vorzustellen hatte.

Wesentlich ist, dass Buddha mit der Öffnung des Ordens für Frauen, bei allen Einschränkungen, der indischen Frau eine andere Lebensgestaltungsperspektive bot, als dies im Hinduismus der Fall war. In diesem waren ihre Existenzberechtigung und ihr Heil mehr oder weniger mit der Geburt eines Sohnes verknüpft. Die Frau war im Großen und Ganzen keine eigenständige Person, sondern völlig von ihrem Gatten und dessen Familie abhängig. Ihr spirituelles Heil war aufs Engste mit dem ihres Mannes verbunden. Im buddhistischen Orden hingegen handelte sie eigenverantwortlich. Der Weg zum Heil hing ausschließlich von ihrem eigenen Tun ab. Auch wurde die buddhistische Nonne in der Gesellschaft ob ihres strengen Lebenswandels geschätzt.

Neben denen, die seine Botschaft in aller Radikalität umsetzten und den Weg der Entsagung als Mönch und Nonne gingen, gab es eine große Zahl von Laienanhängern und Laienanhängerinnen, die sich zu seiner Lehre bekannte und die die umherziehende Wandermönchgemeinschaft auf alle erdenklichen Weisen unterstützte, selbst aber nicht in die Hauslosigkeit zog. Die Unterstützung des Ordens wurde und wird seit jeher als die wichtigste Pflicht der Laien gesehen. Während die Mönche und Nonnen diesen im Gegenzug die Lehre verkünden und den Weg zum Heil weisen. Auch wenn in der buddhistischen Tradition die Mitgliedschaft im Orden zunächst als das höherwertige Dasein verstanden wurde, da man die Möglichkeit der Verwirklichung des Heils in diesem Dasein nur für Mönche und Nonnen gegeben sah, so kennt der Pāli-Kanon eine ganze Anzahl von Laienanhängern und -anhängerinnen, die als Erleuchtete betrachtet wurden.

Sie hatten die fünf grundsätzlichen Regeln der Fünffachen Rechtschaffenheit zu befolgen, wollten sie zur buddhistischen Gemeinde gehören. Die Mönche und Nonnen geloben zudem auf fünf weitere Dinge zu verzichten, nämlich nicht zur Unzeit zu essen, sich von Tanz / Gesang / Musik fernzuhalten, keinen Schmuck zu tragen, kein komfortables Nachtlager aufzusuchen und kein Gold und Silber (Geld) anzunehmen. Diese zehn Grundregeln erweiterten sich in der Folgezeit auf 220 Gebote, die alle vierzehn Tage öffentlich vorgetragen wurden, damit jeder Mönch seine Vergehen bekennen konnte. Mord, Diebstahl und der Bruch des Zölibats führten zum sofortigen Ausschluss aus dem Orden.

Ein wesentliches Kennzeichen der buddhistischen Ordensgemeinschaft war, dass sie prinzipiell jedem, unabhängig von der Kastenherkunft, offen stand. Den Buddhismus deswegen als sozialreformatorische Bewegung zu bezeichnen, wäre dennoch verfehlt, da Buddha nicht offen gegen das Kastensystem opponierte. Er ignorierte es einfach, da er in ihm keinerlei Nutzen für die Erlösung erblickte. Dies wird in etlichen Lehrreden deutlich, wo Buddha betont, dass nicht die Kastenherkunft, sondern der Lebenswandel über das zukünftige Karma und damit über die zukünftige Wiedergeburt bzw. die endgültige

Erlösung entscheidet. Jeder Mensch kann in diesem Dasein zur Erlösung kommen. Im Aggañña-Sutta, dem Sūtra vom Anfang, (Dīgha-Nikāya 3,80–98) kritisiert Buddha nicht nur einen Brahmanen ob seines falschen Kastenstolzes, sondern er zeigt, dass es in jedem Stand Erleuchtete gibt. Jeder, der einen reinen Lebenswandel führt, kann das Ziel erlangen. Die Brahmanen, die sich als Abkömmlinge des Gottes Brahmā verstehen, sind keine ausgezeichnete Gruppe, da auch sie als Kinder sterblicher Frauen auf die Welt gebracht werden. Nach konventionell hinduistischer Vorstellung konnten jedoch nur Brahmanen Erlösung erlangen. Alle anderen mussten erst als Brahmanen wiedergeboren werden.

Drei Personengruppen konnten dennoch nicht Mitglieder des Ordens werden: Kranke, Leibeigene und Verschuldete. Kranke wurden nicht aufgenommen, weil man verhindern wollte, dass sich Leute nur der medizinischen Versorgung wegen dem Saṅgha anschlossen. Leibeigene nahm man nicht auf, um soziale Unruhen zu vermeiden, die vermutlich entstanden wären, weil etliche Leibeigene die Chance genutzt hätten, auf diese Weise frei zu kommen, was ihre Herren kaum erfreut hätte. Verschuldeten wurde aus einem ähnlichen Grund die Mitgliedschaft verweigert. Für die hinduistische Orthodoxie war die Tatsache, dass Buddha sich nicht um die Kastenzugehörigkeit kümmerte, ein weiterer Grund, weswegen sie ihm mehr als reserviert gegenüberstand; hatte er zuvor ja schon deutlich gemacht, dass ihm die heiligen Schriften des Hindutums, die Veden, nichts bedeuten.

Nichtsdestotrotz kam die große Mehrzahl seiner Anhänger aus den oberen drei Kasten, wobei die Brahmanen die größte Gruppe darstellten. Śūdras, d.h. einfache Bauern oder Tagelöhner, lassen sich nur wenige im Umfeld des Buddha ausmachen. Neben der Tatsache, dass die intellektuell eher schwierige Lehre Buddhas für viele von ihnen kaum nachvollziehbar gewesen sein dürfte, waren sie meist so mit dem Kampf ums Überleben beschäftigt, dass der Frage nach Erlösung aus den Banden dieses Daseins in ihrem Leben kaum eine Bedeutung zukam. Einen besonderen Schub erfuhr Buddhas Bewegung, als der König des Magadha-Reiches, Bimbisāra, Laienanhänger wurde.

Die Mönche und Nonnen zogen zur Zeit Buddhas, mit Ausnahme der Regenzeit, das ganze Jahr umher. Der Bau von Klöstern erfolgte erst etwas später. Während des Monsuns von Juni bis September war nicht nur das Reisen beschwerlich, sondern es bestand zudem die Gefahr, zu viele Kleinlebewesen zu töten und zu verletzen, was gegen die buddhistische Ethik des Nicht-Schädigens ging. Sowohl Mönche und Nonnen wie Laienanhänger und Laienanhängerinnen formten das Gesamt der buddhistischen Gemeinde, die man Saṅgha nennt. Der Saṅgha zählt neben der Lehre, Dharma genannt, und dem Buddha zu den drei Kostbarkeiten oder Juwelen, zu denen jeder Buddhist seine Zuflucht nimmt, unabhängig davon, ob er Laienanhänger oder Ordensangehöriger ist.

Der Eintritt in den Orden erfolgt nach einem mindestens vier Monate, meist jedoch länger dauernden Noviziat. Während der Novize schon mit acht Jahren eintreten kann, erfordert die endgültige Aufnahme in den Orden das Mindestalter von zwanzig Jahren. Wer sich sicher ist, dass er diesen Lebensweg gehen möchte, bittet drei Mal vor zehn Mönchen um die Aufnahme in den Orden. Mit der Ordination wird das Haar geschoren und der Mönch erhält als Zeichen seiner Zugehörigkeit zum Orden eine Robe, eine Bettelschale, ein Rasiermesser und einige andere Utensilien. Ferner verpflichtet er sich zur Beachtung der 220 Ordensregeln, die im vinayapiṭaka niedergelegt sind. Für Nonnen gelten sogar 290 Regeln. Acht zusätzliche Regeln legte Buddha den weiblichen Ordensmitgliedern als Bedingung für die Gründung eines weiblichen Ordenszweigs selbst auf. Die Initiation in den Orden nach dem Noviziat geschieht für Frauen durch den Nonnen- und Mönchsorden. Während der Regenzeit müssen Nonnen in der Nähe der Mönche leben, danach haben sie vor der versammelten Mönchs- und Nonnengemeinde ihre Gelübde zu wiederholen. Auch erfolgt die Bestrafung bei einer Übertretung der Ordensregeln durch die Mönchs- und Nonnenversammlung. Die Mönche hingegen benötigen nie die Zustimmung des Nonnenordens. Eine Nonne hat, egal wie lange sie schon ordiniert ist, jeden Mönch zu grüßen. Sie darf auch keinen Mönch schmähen oder belehren.

Gemeinsam ist beiden Gruppen jedoch die Verpflichtung auf drei Grundregeln, die das Wesen des buddhistischen Ordensstandes kennzeichnen: Armut, Zölibat und Friedfertigkeit. Der Mönch oder die Nonne dürfen selbst nichts besitzen, sie müssen zölibatär leben – die Missachtung des Zölibats führt zum sofortigen Ausschluss aus dem Orden – und sie dürfen kein Wesen schädigen. Das Nicht-Schädigen von Lebewesen, ahiṃsā genannt, ist die ethische Grundlehre des Buddhismus, die auch für Laien gilt. Was die Armut anbelangt, so gilt hier das Gleiche wie bei christlichen Orden, während Mönche und Nonnen nichts besitzen dürfen, sind die Orden selbst zum Teil sehr wohlhabend, da sie von den Laienanhängern reich beschenkt werden. Anders als in der christlichen Mönchstradition kann das einmal abgelegte Ordensgelübde im Buddhismus vom Mönch oder der Nonne widerrufen werden.

Ein Großteil der Zeit im Orden wurde und wird mit dem Studium der heiligen Texte und der Meditation zugebracht. In der Regel beginnt der Tag eines buddhistischen Mönchs oder einer Nonne mit der Meditation. In manchen Ländern machen sich die Mönche und Nonnen danach immer noch zum Bettelgang durch die Dörfer auf. In den meisten Klöstern erfolgt die Verköstigung aber durch eine eigene Küche. Am Nachmittag wurde und wird normalerweise innerhalb des Klosters unterrichtet, während am Abend die Laien belehrt werden. Die Verkündigung der Lehre den Laien gegenüber war stets eine Aufgabe der Orden. Soziale und caritative Aufgaben gehörten gewöhnlich jedoch nicht in das Betätigungsfeld der Orden. Die Verwirklichung des Mitleids, der buddhistischen Kardinaltugend, sah man nicht durch soziales Tun gewährleistet, sondern durch die Verkündigung der befreienden Heilslehre.

Im heutigen Buddhismus werden diese beiden Aspekte nicht mehr so streng getrennt. In vielen buddhistischen Ländern entwickelte sich seit den 50er Jahren des letzten Jahrhunderts, wohl auch bedingt durch die Auseinandersetzung mit christlichen Missionaren, eine Form des Buddhismus, die man als engagierten Buddhismus bezeichnet. 1989 wurde schließlich das ›International Network of Engaged Buddhists‹ gegründet. Vertreter dieser Richtung, die neben Laien auch etliche Ordensangehörige umfasst, sind in den unterschiedlichsten sozialen, ökologischen, humanitären, friedensfördernden Projekten engagiert. Zu dieser Bewegung zählen z.B. der vietnamesische Mönch Thich Nhat Hanh, der thailändische Laie Sulak Sivaraksa, der thailändische Mönch Ajahn Pongsak, der kambodschanische Mönch Mahā Gosanānda sowie der vor einigen Jahren verstorbene thailändische Mönch Ajahn Buddhadāsa, um nur einige wenige Namen zu nennen. Sie bemühen sich in und mit engagierten Gruppen z.B. um die Wiederaufforstung von Wäldern, um den Umweltschutz, um die Verbesserung der Lebensbedingungen der Bevölkerung, um Bildungsarbeit in Dörfern, um Friedensarbeit etc.

Die buddhistischen Mönche waren es auch, welche die Lehre ihres Meisters nach dessen körperlichem Tod, seinem parinirvāṇa, im Jahr 480 v.Chr. auf dem ersten buddhistischen Konzil zusammentrugen und tradierten, denn Buddha selbst hatte, wie viele große Lehrer der Menschheit, seine Lehre nur mündlich vorgetragen. Dass dieses Unterfangen nur bedingt glückte, liegt wohl in der Natur der Menschen. Woran Buddha im Alter von 80 Jahren starb, darüber streiten die Gelehrten noch heute. War das als Eberweich bezeichnete Gericht eine Art Schweineragout oder ein bestimmtes Pilzgericht? Diejenigen, die die vegetarische Tradition des Buddhismus betonen wollen, halten es für ein Pilzgericht, die anderen für ein tierisches (**Vegetarismus**). →S. 77
Unabhängig davon, was es nun war, Buddha schien um dessen fata-

le Wirkung gewusst zu haben, denn er wies seinen Gastgeber an, das Essen nicht den anderen Mönchen zu servieren. Er selbst nahm es an, um dem Spender nicht das mit der Gabe verbundene gute Karma zu nehmen. Unmittelbar darauf erkrankte er vermutlich an Ruhr und starb, nicht ohne zuvor seine Schüler ermahnt zu haben, das geistige Streben mit Eifer weiter zu verfolgen und nicht in Resignation zu verfallen. Entsprechend indischer Sitte wurde er verbrannt und seine Asche an verschiedenen Orten in eigens dafür errichteten Reliquienschreinen zur Verehrung aufbewahrt.

4. BUDDHISTISCHE SCHULEN

Bis hier wurde der Buddhismus entlang seiner Grundlehren entfaltet. Es wurde ein kleinster gemeinsamer Nenner dessen, was die Lehre des Erwachten ausmacht, geboten. Indirekt ist damit schon ausgesprochen, dass es unmöglich ist, von *dem* Buddhismus zu sprechen. Die Aufsplitterung in einzelne Richtungen, Sekten, Schulen und Unterschulen vollzog sich nach dem Hingang des Meisters derart schnell, dass sich nach offiziell buddhistischer Lesart innerhalb einiger Jahrhunderte achtzehn, in Wirklichkeit aber mehr als dreißig verschiedene Sekten ausbildeten, die mitunter solch große Unterschiede, ja Gegensätze aufweisen, dass man bei unvoreingenommenem Studium der Texte – abgesehen von der Terminologie, gewissen Grunddogmen und der wiederholten Berufung auf Buddha – nicht glauben möchte, dass es sich bei ihren Verfassern um Vertreter ein und derselben Weltanschauung handelt: des Buddhismus. Dazu trug neben der allgemein menschlichen Charaktereigenschaft der Besserwisserei und Rechthaberei, neben dem Bedürfnis nach Auslegung zum besseren Verständnis, und um den jeweiligen sozio-kulturellen Kontexten bei der Mission gerecht zu werden, sicherlich ein mehr technischer Grund bei: die Texte mussten nämlich von Gedächtnisspezialisten in so genannten Deklamatorenschulen auswendig gelernt werden, weil erst nach mehr als 400 Jahren nach dem Parinirvāṇa Buddhas begonnen wurde, sie schriftlich zu fixieren.

Da die Memorierung schon eines winzigen Bruchteils an Lehren, der als Kanon und angeschlossene Kommentare wie Ausdeutungen bis auf uns kam, selbst den besten Gedächtniskünstler überfordert, wurden in bestimmten Memorieranstalten bzw. von bestimmten Memorierspezialisten immer nur gewisse Texte oder Abschnitte ins Gedächtnis geschrieben. Auch wenn wandernde Mönche von Zeit zu Zeit Klostereinrichtungen einer Gegend besuchten und sich mit den dort lebenden austauschten, Informationen sowohl aufnahmen als auch weitergaben, konnte aufgrund der Informationslage allein eine Selektion und Vereinseitigung von Dogmen nicht vermieden werden.

Da mit dem endgültigen Eintreten Buddhas ins Nirvāṇa, das zugleich den Austritt aus seinem Körper bedeutet, nur noch die Überlieferung der Texte Lehrautorität beanspruchen konnte, wurde schon bei den Totenriten von Schülern überlegt, wie man einen Korpus verbindlicher Lehrgehalte erstellen konnte. Mahākāśyapa, ein Waldmönch, ermahnte die bei der Totenverbrennung anwesenden Mönche, sich während der nächsten Regenzeit zu versammeln, um die Überlieferung, die, wie gesagt, zunächst nur mündlich weitergegeben wurde, festzulegen und aufeinander abzustimmen.

Die Versammlung kam zu dem vereinbarten Zeitpunkt zustande und so das erste buddhistische Konzil. Veranstaltungsort war Rājagṛha. Es stand unter der Leitung des besagten Einsiedlers und dauerte sieben Monate, während welcher die von einzelnen Schülern erinnerten Lehren und Lehrgehalte verglichen wurden, um sie nach Themen zu gruppieren. Nach allgemeiner Zustimmung zu der gefundenen Ordnung wurden Mönchsgruppen beauftragt, einzelne Teile auswendig zu lernen.

Dennoch konnte es nicht ausbleiben, dass sich in der Folgezeit unterschiedliche Meinungen zu speziellen Fragen und Lehrkomplexen ausbildeten. Wegen Unstimmigkeiten hinsichtlich der Ordenszucht wurde deshalb vermutlich einhundert (oder weniger) Jahre später ein weiteres, das zweite buddhistische Konzil von Vesāli einberufen. Es dauerte acht Monate lang, wobei eine ähnliche Methode des Rezitierens, Kompilierens und der Konsensfindung wie auf dem vorhergehenden Konzil angewandt wurde.

4.1 Hīnayāna

Auf diesem Konzil konnte jedoch keine Einigung erzielt werden. Es bildeten sich zwei Parteien, von denen die eine glaubte, die Tradition, d.h. die Lehre der Alten (skr. sthavira; Pāli thera) und somit Ehrwürdigen rein zu vertreten, weshalb sie sich Theravādins und ihren Schulzweig Theravāda nannten. Ihnen gegenüber stand die Gruppe von (vermeintlichen) Abweichlern, die eine Lockerung der strengen Ordensregeln forderten. Sie bildeten die Mehrzahl und nannten sich entsprechend Mahāsāṅghikas, diejenigen, die der großen Gruppe angehören. Nach heftigen Disputen spaltete sich die Versammlung in zwei Lager.

Das erste Schisma der Buddhabewegung war vollzogen. Es bildete den Urriss, aus dem sich die beiden Fahrzeuge des Buddhismus ausdifferenzieren sollten, das kleinere, auf dem wegen seiner disziplinären Strenge nur wenige mitfahren konnten und das von den Gegnern leicht ironisch Kleines Fahrzeug, Hīnayāna, genannt wurde, und das größere, auf dem wegen seiner großzügigeren Haltung betreffs religiöser Zucht und Einhaltung des mönchischen Ideals viele Mitfahrer Platz hatten, das Große Fahrzeug, Mahāyāna. Damit öffnete sich die Buddhatradition dem Bedürfnis des Volks nach Glauben, Riten und Gnadengaben und einem idealisierten Verständnis des Buddha, während die Traditionalisten das Heil ausschließlich den intellektuell-disziplinären Bemühungen des Einzelnen verhießen und Buddha nur als historische Person und Vorbild gelten ließen.

Ein drittes Konzil wurde unter Aśoka, dem Kaiser des Maurya-Reiches und großen Förderer des Buddhismus um 255 in Pāṭaliputra, dem heutigen Patna, einberufen. Natürlich ging es wieder um die wahre und authentische Lehre und um den Zusammenhalt der buddhistischen Gemeinde. Der buddhistische Kanon wurde redaktionell festgelegt. Seine Aufteilung in drei Körbe sowie die Unterteilung der Lehrreden in fünf Sammlungen geht auf dieses Konzil zurück. Allerdings wurde der Kanon noch nicht schriftlich fixiert. Das geschah erst auf dem vierten Konzil im Jahr 80 v.Chr. in Sri Lanka. Sicher ist, dass Buddha seine Predigten nicht in Pāli vortrug, wie die schriftliche Fixierung vermuten lässt, sondern in Kosalī.

Die Konsolidierung bzw. Kanonisierung des Richtigen und Rechten wurde bei dieser Zusammenkunft der Mönche durch die Abwehr von Ketzereien und Irrlehren unterstützt. Damit war freilich eingestanden, dass die vorangegangenen Konzile nicht die autoritative Wirkung zeitigten, die sie hätten haben müssen, um das Auseinanderdriften der Stifterlehren aufhalten zu können. Daran konnte auch Aśoka nichts ändern, obwohl er den Buddhismus zu einer bestimmenden Größe in Indien und über seine Grenzen hinaus machte, indem er ihn zu einer Staatsreligion erhob und versuchte, einen Ausgleich zwischen der Mönchs- und der Laiengemeinde, der Elite- und der Volksreligion herbeizuführen.

Die Sektenbildung war sogar innerhalb der beiden konkurrierenden Hauptlager der konservativen Altgläubigen und der liberalen Großgruppe nicht aufzuhalten. Allerdings muss beachtet werden, dass wenn man in diesem Zusammenhang von Sekten spricht, nicht dasselbe gemeint ist wie das, was man heute innerhalb der christlichen Welt versteht. Da es innerhalb des Buddhismus keinen unfehlbaren Oberverantwortlichen und keine Glaubenskongregation mit Verordnungsbefugnis gab, zumindest nicht bis zum Auftreten des Dalai Lama in und für Tibet, handelt es sich bei den so genannten buddhistischen Sekten nicht um verketzerbare Unrechtgläubige, die von einem allgemeinverbindlichen Dogma abwichen, sondern um Schulen und Unterschulen, die selbst für sich in Anspruch nahmen, die wahre Lehre zu vertreten, ohne dass sie dafür den Fluch und Bann einer Autorität fürchten mussten, weil dieser meist die Macht fehlte, sie zu sanktionieren und zu strafen.

Von vielen Sonderformen des Buddhismus ist ganz einfach deshalb nichts bekannt, weil sie irgendwann wieder verschwanden und ihre Schriften verloren gingen (oder vielleicht vernichtet wurden). Oft sind auch nur noch einzelne Bemerkungen und Nennungen von Schulnamen in den Traktaten anderer Gruppierungen vorhanden. Und da der indische Buddhismus ebenso wenig Interesse an Geschichtlichem hatte wie das Indertum generell, liegt vieles von dem, was es an Entwicklungen von Buddhas Predigertätigkeit an bis zur Auslöschung des Buddhismus auf dem Subkontinent gab, im Dunkeln. Was genauso schwer wiegt, ist der Sachverhalt, dass durch die gegenwärtig verfügbaren Schriften, die aus der unvorstellbaren Zahl von Texten bisher in die Öffentlichkeit gebracht wurden, ein schiefes Bild von dem entsteht, was ehedem war, nicht nur, weil Faktisches und Quantität selbst eine normative Qualität besitzen, sondern auch, weil Gelehrte dadurch Gelegenheit und einen Vorwand haben, gewisse noch oder wieder vorhandene Tendenzen der (Selbst-)Interpretation des Buddhismus zu verstärken (oder andere zu schwächen).

Diejenigen unbekannten Bewegungen, die realiter auf der Strecke blieben, kommen in der Historiographie also doppelt schlecht weg. Nicht nur sind ihre Schriften verloren, nein, indem sie aus konkurrierenden Fremdlehren rekonstruiert werden, die es mit der Darstellung der gegnerischen Anschauungen aus ideologischen Eigeninteressen oder dogmatischer Verblendung oft nicht sehr genau nahmen, sind sie häufig einseitig, unvollständig, verdreht und fehlerhaft. Hier zeigt sich dasselbe wie in der Überlieferung und Rekonstruktion der Gnosis, einer vielgestaltigen religiös-weltanschaulichen Bewegung, die um die Zeitenwende im gesamten Mittelmeerraum verbreitet war, Elemente des Christentums enthielt, von diesem bekämpft und weitgehend aus dem Felde geschlagen wurde. Der Minimalkonsens, von dem man bei der Darstellung der Grundlehren ausgehen kann, ist folglich selbst schon wieder eine Annahme, die auf der Verfügbarkeit des Schrifttums einzelner Lehrzweige, deren Gewichtung, Einfluss und Einschätzung basiert, und somit ein doxographisches Konstrukt. Dies ist bei dem folgenden kurzen Abriss einiger buddhistischer Schulen besonders zu berücksichtigen.

Von dem, was heutzutage Hīnayāna genannt wird, sind nur einige Hauptrichtungen einigermaßen zu rekonstruieren. Der bedeutendste Zweig davon ist der bereits erwähnte Theravāda, die Lehre von den Alten und Ehrwürdigen. Sie wird im Bewusstsein der mit dem Buddhismus vertrauten Allgemeinheit heute wie selbstverständlich mit dem Hīnayāna identifiziert. Das findet seine Begründung nicht nur darin, dass die zentralen Lehrgehalte dieser Schule mit denen des so genannten Urbuddhismus in eins gesetzt werden, sondern auch darin, dass diese Schulrichtung zur Zeit weltweit das größte Gewicht besitzt.

Dabei wird jedoch nicht selten übersehen, dass das, was den Urbuddhismus ausmacht, aus den Traktaten erschlossen werden muss, die selbst schon Entwicklungen und Interpretationen dessen sind, was Urbuddhismus heißen soll. Da auch in diesem Buch auf eine solche Weise verfahren werden muss, weil den Autoren der genaue Wortlaut der Predigten des Meisters natürlich ebenso wenig zur Verfügung steht wie anderen, brauchen die einzelnen Kerngedanken der Theravādins bzw. der vermeintlichen Originallehre Buddhas hier nicht eigens aufgeführt zu werden. Vermutlich waren die Theravādins ein Nebenzweig der Vibhajyavādins, einige Gelehrte behaupten, dass sich die Theravādins selbst so nannten und beide Gruppen identisch sind. Ihr Name besagt: Anhänger der Lehre von dem »Zu-Unterscheidenden« oder modern gesprochen: Analytiker. Daraus wäre erklärlich, warum innerhalb dieses Kreises der orthodoxen mönchischen Gelehrtenschaft die Abhidharma-Lehre bzw. Abhidharma-Literatur entstand, Anleitungen, mit Hilfe deren versucht wurde, durch unterscheidende Erforschung der einzelnen Wirklichkeitskonstituenzien (dhammā/dharmāḥ) zur vollkommenen Weisheit vorzudringen, die wegen ihrer abstrakten, scholastischen Schematik aber nur dem innersten Kreis von Schülern mitgeteilt wurden und mit den Mönchsregeln (Vinaya) und Lehrreden (Sūtras) zusammen das buddhistische Schrifttum, den Dreikorb (Tripiṭaka), bilden.

Eine Unterform des Ordens differenzierte sich vermutlich um das 3. vorchristliche Jahrhundert aus, die Sarvāstivādins. Ihr Name leitet sich von sarva = alles, asti = ist und vāda = Lehre, ab: die Doktrin, dass jeder Dharma in allen drei Zeitphasen ist. Auf den Titel eines ihrer Kompendien geht ihre zweite und spätere Bezeichnung Vaibhāśikas zurück, die eine Entwicklungsform des Sarvāstivāda darstellt. Sie behaupteten nicht nur, dass die ›noumenale‹ Grundwirklichkeit (dharma) des Nirvāṇa durch ein dauerndes, beständiges Sein charakterisiert ist, sondern dass es ebenfalls den Trägerpartikeln (dharmāḥ) zukommt, die das Phänomenale begründen, ausdehnungslosen, um den Bestandteil Bewusstsein reduzierten Wahrnehmungseinheiten, die wiederum in einer gewissen Quantität kleinste Raumeinheiten oder Atome konstituieren.

Auf diese Weise meinten die Sarvāstivādins die kaum fassliche Weltbeschreibung des Erwachten hand-, d. h. begreiflich gestalten zu können. Selbstverständlich waren Ansätze dazu schon in älteren Überlieferungssträngen vorhanden, doch lag die Betonung und Kombination nun anders. Der Erlösungszustand hatte nicht mehr die Aura des puren Verlöschens, sondern wurde von einem Hauch von Unvergänglichkeit und Ewigkeit umweht, genau so wie der Wandelwelt dadurch Stabilität und Festigkeit verliehen wurde, dass man ihren Urfaktoren Dauer und Bestehen zuerkannte. Während die mit der Alles-ist-Schule in Konkurrenz stehenden Schulen eine Auslegung der Buddhalehre bevorzugten, in der die Erscheinungswirklichkeit ausschließlich als eine Abfolge momentartiger (stroboskopischer) Ereignisteilchen dargestellt wurde, die der Wahrnehmung als Fortdauer erscheint, schrieb diese selbst den Grundelementen ein tatsächliches Bestehen und reale Existenz zu, die über ihre Wirkphase hinausgeht, allerdings nicht ewig ist. Man verglich die Elemente dabei Steinen, die auf einer Anhöhe liegen und nach langer Zeit durch einen Stoß in Bewegung versetzt werden: Metapher für die Aktivierung der latenten, nur aus ihrer Manifestation erschlossenen Trägerpartikel durch eine unter bestimmten Umständen auftretende Ursache.

Zwar behielt das Wirkgeschehen seinen typisch buddhistischen Charakter des Bedingtseins, der Hintergrund für die erfahrbare Wirklichkeit wurde jedoch in einen Status der Quasi-Unbedingtheit oder Quasi-Absolutheit erhoben. Da diese Folie letztlich Bewusstseinscharakter besitzt, kam die Basisrealität gewissermaßen einem Urgeistigen gleich, das in der Mahāyāna-Schule des Yogācāra oder Vijñānavāda eine entscheidende Rolle spielen sollte. Man kann diese Entwicklung u.a. als eine Lösung des Problems ansehen, dass Bedingtheit nicht ohne Unbedingtheit, Relatives nicht ohne Absolutes gedacht werden kann. Insofern stellt der Sarvāstivāda keine Verfälschung der ursprünglichen Lehre dar, sondern wird der Anweisung des Meisters gerecht, sich seines Verstandes zu bedienen, um zur perfekten Ansicht (samyak dṛṣṭi) zu gelangen.

Ähnliches kann der Sekte der Personalisten, den Pudgalavādins, zugute gehalten werden. Ihre Theorie stellt hinsichtlich einer anderen Zentralkategorie buddhistischen Welt- und Menschenverständnisses eine Gegenreaktion dar, nämlich der des Individuums. Sie gingen um 280 v.Chr. aus der Gruppe der Reformunwilligen des zweiten Konzils hervor und führten eine für die konservativen Glaubensbrüder skandalöse Neuerung in die Interpretation der Buddhalehre ein, indem sie das traditionell anerkannte Dogma, dass die Persönlichkeit aus nichts anderem denn unpersönlichen Trägerfunktionen und -partikeln besteht, nur als Teilwahrheit gelten ließen. Zur Komplementierung der Vorstellung von den impersonalen Ich-Komponenten postulierten sie, dass zusätzlich zu diesen eine Person im Menschen existieren müsse, die den vergänglichen neutralen Faktoren eine Basis verleiht. Ihr Name ist Programm. Pudgalavāda heißt wörtlich übersetzt nämlich »Personalismus«. Die Frage war, wie zwischen den Ereignissen im gegenwärtigen und dem zukünftigen Leben und endlich im Endzustand, dem Nirvāṇa, ein Zusammenhang bestehen solle, wenn der Mensch ausschließlich aus einem Aufblitzen diskreter, unverbundener Wirklichkeitsmomente aufgebaut ist. Während viele Orthodoxe einfach nur einen nicht näher beschriebenen Kontakt der einzelnen dharma-s durch ihre intervalllose Aneinanderreihung, ein so genanntes Werdekontinuum postulierten, diente den Pudgalavādins zur Vereinheitlichung einzelner psychophysischer Zustände die Annahme einer »Person« oder eines »Quasi-Selbst«.

Abläufe und Veränderungen müssen vor dem Hintergrund oder auf dem Untergrund eines sich selbst Gleichbleibenden stattfinden. Insofern ist pudgala am trefflichsten mit »Subjekt« zu übersetzen, ist doch das Sub-jekt das unter einer Sache Liegende, die Unterlage. Das reale Subjekt und die psycho-physischen Faktoren und Prozesse bestehen nach der Auffassung der buddhistischen Personalisten zusammen. Weder sei das Subjekt mit Letzteren identisch noch sei es in ihnen, noch außerhalb von ihnen. Wie sollte man das Verhältnis beider zueinander dann fassen? Mit einem Gleichnis: wie sich Feuer zum Brennholz verhält, so die Person zu den unpersönlichen Bildeprinzipien des Ich (skandha-s). Feuer ist weder identisch mit dem Brennstoff noch wesenhaft in ihm, noch auch absolut außerhalb von ihm, die Konsequenzen wären in jedem Falle absurd, und doch nehmen wir das Brennen wahr.

Mit dieser Konstruktion glaubten die Pudgalavādins der Orthodoxie zu entsprechen, keine abgetrennte, frei schwebende Ich-Monade zuzulassen, dabei die fatale Ketzerei des hinduistischen Ātman, den man freilich ganz unmetaphysisch als plumpe Egoknolle (miss)-verstand, zu vermeiden, und dennoch das Rätsel des Kontinuitätserlebens des Individuums gelöst zu haben. Diese Antwort auf die Frage nach dem menschlichen Wesenskern ist in Indien nicht einmalig. Sie erinnert an die Lehre vom Ātman im hinduistischen Weltanschauungssystem des Nyāya (Logikerschule): der Persönlichkeitskern hat in beiden Schulen ähnliche Eigenschaften und bleibt nach der Heilstransformation bei den einen wie den anderen erhalten. Die Zahl der Selbste ist im Pudgalavāda und im Nyāya, wie auch, das nur nebenbei, im hinduistischen Sāṃkhya vor wie nach der Erlösung aus der Verstrickung in den Werdekreislauf konstant, was Vertreter dieser Lehre in einen echten Erklärungsnotstand versetzt, wenn nach dem Verhältnis dieser vielen Absoluta zueinander gefragt wird. Dass sich die buddhistischen Personalisten durch eine solche Doktrin bei ihren Mönchskollegen, die ihre Doktrin in schroffer und expliziter Gegenstellung gegen die Hindu-Orthodoxie formulierten, nicht beliebt machten, dürfte einleuchten. Die mahāyānistische Mittelwegschule stellte hier viel später den nötigen Ausgleich her. Sie erwies beide Behauptungen als unhaltbare Extreme, die eine als Vernichtungslehre (uccheda-vāda), die andere als Unvergänglichkeitslehre (Śāśvata-vāda) und verwies die Mitgläubigen auf den Weg in der Mitte, den Buddha im Kaccāyana-Sutta wies.

Eine weitere wichtige Abspaltung aus dem Lager der Altgläubigen sind die Sautrāntikas. Sie gingen aus der Sarvāstivāda-Schule hervor. Ihr Name drückt aus, dass sie nur die Sūtras für autoritative Schriften hielten, das Abhidharma jedoch nicht als solche anerkannten. Zeitlich geht ihr Entstehen fast mit der Herausbildung des Mahāyāna parallel, beginnt also um das 2. Jahrhundert unserer Zeitrechnung. Wieder war der Grund des Sonderwegs die Problematik des Ereigniszusammenhangs für das Bewusstsein. Schlugen die Pudgalavādins zur Einheitsstiftung die Kategorie der Person vor, die sowohl als Täter als auch Opfer der Frucht ihrer Taten gedacht wurde, so gingen die

Sautrāntikas von einem feinen, überzeitlichen, substanten Hintergrundstrom des Bewusstseins aus, der den Dharmablitzen Konnex verleihen und eine Matrix für die Speicherung aller Tatfolgen bereitstellen sollte, die nach einer gewissen Zeit zu einer für die Neuverkörperung erforderlichen Konstellation von psychophysischen Trägerfaktoren führen.

Diese Neuerung hielten sie für unverzichtbar, weil sie die Dharmablitze in ihrer Augenblickshaftigkeit für völlig unausgedehnt hielten, so dass das Entstehen schon wieder Vergehen war, eine Dauer dazwischen nicht existierte und Wahrnehmung infolgedessen nicht mehr direkte sinnliche Erfassung von realen Dingen sein konnte, sondern Rückschluss auf Gegenstände auf der Grundlage von Bildeindrücken. Das impliziert wiederum, dass sie den Trägerpartikeln der Wirklichkeit, den dharma-s, keine stoffliche, sondern nur noch eine sprachlich-bedeutungshafte Realität beilegten.

Die Schwierigkeit der Verhältnisbestimmung von Kontinuität (ununterbrochene Fortentwicklung) oder Diskontinuität (Auftreten mit Zwischenräumen) auf der stofflichen und geistigen Ebene und die Erklärung der identisch bleibenden Ichempfindung erhitzte die Anhänger Buddhas entgegen seinem Rat, ›cool‹ zu werden, so sehr, dass sich dessenthalben weitere Abweichungen von der Hauptrichtung der Auslegung ergaben, die zur Bildung von Schulen der Alten Weisheit (Hīnayāna) beitrugen, von denen heute kaum mehr denn der Name, und nicht einmal der, bekannt ist. Wie sollte aus irrealen Vorgängen irgendetwas Wirkliches entstehen, wie sollte Wirkliches plötzlich irreal werden und wie sollte ein unwahres Gebilde wie der empirisch-menschliche Verstand Wahres über das Wesentliche, so solches überhaupt angenommen werden kann, erkennen können? Fragen, die die Buddha-Idee von innen heraus aufzulösen drohten.

Angesichts dieser Fragen ist es nicht verwunderlich, wenn im zweiten Hauptstrang der Lehrentwicklung, der seinen Ausgang von den Mahāsāṅghikas nimmt, neue Antworten versucht wurden. Schließlich wollte man doch wissen oder glaubte zu wissen, ja musste man im Interesse der Selbstbehauptung wissen, was die Wortlosigkeit des Schweigers aus dem Śākya-Geschlecht anlässlich metaphysischer Letztfragen (avyākṛta-vastūni) verhüllt. Man gestand damit unausgesprochen ein, dass die Einschätzung der frühen Anhänger des Buddha, ihr Meister sei nicht mit denen zu vergleichen, die ›hinsichtlich ihrer Lehren die Faust geschlossen halten, wie so mancher Meister‹ nur beschränkte, sehr beschränkte Gültigkeit hatte. Nicht umsonst wurden neben den unzähligen Büchern des Kleinen Fahrzeugs eine weitere Unzahl von Schriften verfasst, die die Literatur des so genannten Großen Fahrzeugs ausmachen. Die Überlieferung ist trotz des Verlustes einer riesigen Menge davon wesentlich zuverlässiger, was nach dem oben bereits Gesagten nicht verwundern dürfte: Gedächtnis ist nun die Schrift.

4.2 Mahāyāna

Außerdem ist mehr und mehr ein institutionalisiertes Gelehrtenwesen vorhanden, das sich nicht nur innerhalb des eigenen Religionszweigs stritt, sondern sich auch mit Fremdlehren auseinander setzte, weshalb die Zeit des Mahāyāna in Indien als eine der philosophisch kreativsten Epochen der Menschheitsgeschichte einzuschätzen ist. Die Beeinflussung zwischen Buddhismus und Hinduismus ging hierbei in beide Richtungen vonstatten. Während sich die weltanschaulichen Kontrahenten auf die Methoden und Thesen der jeweils gegnerischen Partei einstellen und einlassen mussten, um kompetent Paroli bieten zu können, wanderten Konzepte, Ideen und Theoreme unversehens in die eigene Lehre, und das nicht nur zu den üblichen Zwecken der Widerlegung. Schnell sah man gewisse Fremdargumente als der eigenen Position dienlich an; ehe man sich's versah, waren die Techniken, die eigene Behauptung zu stärken, indem man die gegnerische schwächte, allenthalben im Schwange.

Das Zeitalter verschriftlichten logisch stimmigen Denkens und Folgerns und der Anwendung dieses Vermögens zur Unterhöhlung und Destruktion konkurrierender Gedankengebäude hatte nun, ca. ein halbes Jahrtausend nach dem ersten Auftreten in Griechenland und kurz danach in China, auch auf dem indischen Subkontinent begonnen. Ob es wenigstens teilweise von außerhalb angestoßen wurde, durch das enge Zusammenexistieren griechischer, indischer und anderer Kulturstränge, wie es z.B. in Baktrien schon vor der Zeitenwende nachzuweisen ist, weiß man (noch) nicht zu sagen. Das Verhältnis der Konservativen unter den Buddhagläubigen zu den Neugläubigen war eines des (wenigstens literarischen) Nichtbeachtens, umgekehrt blieb die Haltung der Letzteren gegenüber den Ersteren sowohl in gefühlsmäßiger Hinsicht als auch hinsichtlich der Anerkennung gewissen Lehrstoffs ambivalent.

Als Urschriften des Mahāyāna gelten die Sūtras der so genannten Neuen Weisheitsschule. Die Bezeichnung deutet schon darauf hin, dass es sich hierbei durchaus um eine Weiterentwicklung des Gedankens der traditionellen Weisheit, der Weisheit der Alten handelt, die vornehmlich als die diskursive, meditative und kontemplative geistige Durchdringung der Grundbestandteile des Realen verstanden wurde (Abhidharma), was im Namen einer ihrer beiden Haupt-Bewusstwerdungsmethoden, der »Durchblicks-« oder »Durchschauungsmeditation« (vipassana / vipaśyana), durchaus mitschwingt. Weisheit (prajñā) im neuen Verständnis ist die radikale Betonung der Nichtselbsthaftigkeit oder Wesenlosigkeit (anattā/anātman) von allem (allen dharma-s).

Hatte die Alte Weisheit insbesondere die Leidhaftigkeit akzentuiert, die mit dem Nicht-Ansichsein der dharma-s, ausgenommen natürlich dem Nirvāṇa-Dharma, einhergeht, so nahm die Idee von der Insubstanzialität, der Hohlheit des Werdens und Werdenden in der Neuen Weisheit eine positiv heilsrelevante Funktion an. Wenn alles leer ist, dann ist die verwirklichende bzw. entwirklichende Einsicht in das Leere und die Leerheit gleichzeitig die Erlösung: es gibt nichts (mehr), woran man sich festhalten könnte. Zu nichts (an sich Realem) existiert aber auch kein Gegenbegriff und ontologisch keine Gegenwelt, das ganz andere Nirvāṇa, zu dem der altbuddhistische Arhat (Würdige), sich aus dem Leidensstrom erlösend, entkam. Die Texte und die Schule der Neuen Weisheit selbst wurden unter der Bezeichnung Prajñāpāramitā bekannt. Die Übersetzung dafür lautet: höchste, überlegene, perfekte (pāramī-tā) Weisheit (prajñā). Durch eine phantastische Etymologie bei der Übertragung des Begriffs ins Tibetische bürgerte sich auch die Bezeichnung Weisheit (prajñā) vom anderen Ufer (pāram-i-tā) oder transzendente Weisheit ein, was den letztlich einschmelzenden Charakter von Eigenschaftslosigkeit und Wesenlosigkeit, d.h. Leerheit (Śūnyatā) nur dann trifft, wenn man von einer ›reszendenten‹ oder immanentisierten (wieder immanent gemachten) Transzendenz spricht, einem Überstieg (Jenseitswendung) mit anschließendem Rückstieg (›Verdiesseitigung‹).

Tatsächlich lobpreisen die idealisierten Buddhas, Bodhisattvas, Erleuchteten und kurz vor der Erleuchtung stehenden Wesen aller Welten in den verschiedenen Prajñāpāramitā Sūtras die Leerheit in unendlich langen Gesprächen. Letztlich handelte sich um ein Preisen dessen, das gar nicht gepriesen werden kann, besitzt es doch weder Eigenschaften noch Sein. Konsequenterweise muss die dazu angewandte Methode vorwiegend negativ sein, das Absprechen und Verneinen von Eigenschaften und Sein im Stile des alt-upaniṣadischen Neti-Neti, Weder-Noch, das auch in der westlichen Philosophie und Theologie nicht unbekannt ist und innerhalb christlicher Kreise unter der Bezeichnung Negative und Mystische Theologie in die Geschichte einging.

Ethisches Pendant der allesverbindenden ontologischen Leere war das universale Mitempfinden oder Mitleid, die Sympathie für alles Lebendige und sogar Nicht-Lebendige (karuṇā). Wenn alles mit allem durch das Bedingte Entstehen und damit einhergehende Nichtselbsthaftigkeit bzw. Leerheit von Eigenschaften und Eigenwesen verknüpft ist, das Leiden des anderen auch mein Leiden ist und umgekehrt, dann muss gemäß der Lehre von Buddha, dass man niemandem Schlimmes zufügen solle, da jedermann sein Selbst oder sich selbst liebe, das Mitleid zum Zwecke der Leidminderung (des anderen) zum moralischen Imperativ werden. Beide Konzepte, die Leere auf der seinstheoretischen und das Mitleid auf der ethisch-praktischen Seite, dürfen selbst nicht als wesenhaft oder irgendwie substanziell vorgestellt werden, wenn sie auch in den Bodhisattvas, den Erleuchtungswesen, die auf den letzten Schritt der Befreiung so lange verzichten, bis alle Wesen und Unwesen die Befreiung erlangt haben, verkörpert dargestellt sind. Sie sind nur Gutes bewirkende illusionäre Hilfsmittel (upāya kauśalya), die nach vollbrachter Scheinwirkung im Sinne des Floß-Gleichnisses Buddhas scheinbar weggeworfen werden, worauf in den Scheinreichen der Scheinerleuchtungswesen ein großes Scheingelächter ausbricht.

Es war Nāgārjuna, ein aus Südindien stammender, um das 1. oder 2. Jh. lebender, als Person jedoch ein Phantom bleibender Weiser, über den eigentlich nur Legenden bekannt sind, der die Prajñāpāramitā-Texte in systematischer Weise weiterdachte. Er demonstrierte nicht nur deren rationalen Hintergrund, sondern mit seiner radikal widerlegenden Dialektik die Unzureichendheit und Einseitigkeit aller Welterklärungsversuche, die gerade auch bei seinen buddhistischen Mitbrüdern ins Kraut geschossen waren. Schlussendlich zieht er noch die letzte Konsequenz, nämlich auch die eigene Demonstration dieses Ungenügens für ungenügend zu erklären und (sie übersteigend) hinter sich zu lassen. Diese Methodik wurde später mit der Metapher einer (geistigen) Arznei (bhaiṣajya) verdeutlicht, die, nachdem sie die Krankheit vertrieben hat, aus dem Organismus ausgeschieden werden muss, um dort nicht noch größeren Schaden anzurichten als die Krankheit vorher.

Ein solches Gleichnis ist ganz ähnlich in der antiken Skepsis Griechenlands verwendet worden, nur handelte es sich leicht abwei-

Nagarjuna, Stifter der Madhyamaka-Schule (Tibetischer Blockdruck)

chend davon um ein Abführmittel (Kathartikon), das mit Eintritt der lindernden Wirkung und Beseitigung der Obstipation selbst mitabgeführt zu werden hat. Und auch sonst hat die Lehre Nāgārjunas viel gemein mit dem alten griechischen Skeptizismus, weshalb sie nicht selten und zu Recht als indische Ausdrucksform eines solchen verstanden und noch häufiger, aber zu Unrecht, als Nihilismus missverstanden wurde.

Die Skepsis Nāgārjunas geht genau bis zu dem Punkt, an dem denkerisch demonstriert ist, dass das Denken selbst nicht hinreicht, die letzte Wirklichkeit zu fassen und als Besitz festzuhalten. Sie bleibt dabei wie der griechische Skeptizismus des Altertums, den insbesondere Pyrrhon von Elis vertrat, welcher im Gefolge des Alexanderfeldzugs bis nach Indien gekommen war und dort Bekanntschaft mit indischen Weisen machte, aber nicht stehen. Wenn der Verstand in der Lage ist aufzuweisen, dass er nicht in der Lage ist, auf das Wahre an sich auszugreifen, dann muss wenigstens so viel an Erkenntniskraft in ihm stecken, dass er einen Hinweis geben kann, wie diese paradoxe, aus logischer Anwendung von Denkgesetzen unausweichlich resultierende Situation, nämlich zu wissen, dass Gewisses nicht wissbar ist, überwunden werden kann und man zu dem gelangt, das durch diese Begrenzung des Wissensbereichs (durch Wissen) als ein Außen gesetzt wird.

Die Antwort, die Nāgārjuna gibt, ist so einfach wie verblüffend: Jede geistig-seelische Funktion, nicht nur das begriffliche Denken, sondern auch die damit notwendig einhergehenden Emotionen und Willensregungen, selbst Träume und Phantasien und was es sonst noch an Bewusstseinszuständen geben mag, stellt Unterschiede dar und vor, die auf der Ebene der nach außen gerichteten Sinnlichkeit als einzelne Dinge, Ereignisse, Personen etc. (draṣṭavya), auf der Ebene des psychischen Innenlebens als Ideen, Sinnbezüge, Traumgegenstände, Angstgehalte, Sehnsüchte und zahllosem mehr gegeben sind (prapañca). Wenn sich nun in jedem mental-psychischen Vorgang, der Welt- wie Selbstwahrnehmung, d.h. in allem irgendwie gearteten Erkennen und Affiziertsein, Differenzen manifestieren, der Bereich, der außerhalb davon liegt, aber als der des Wahren, nämlich als die vom und im Reflektieren und ›nach‹ dem höchstmöglichen Reflexionsschritt geforderte absolute, unbedingte Wahrheit (das definitionsgemäß Ununterschiedene, ja Ununterscheidbare) eingesehen wird, dann kann das nichts anderes heißen, als dass ›sich‹ das Denken mit all seinen mental-psychischen Begleitphänomenen als Grund für die Verhinderung uneingeschränkten Wissens offenbart hat. Das Denken selbst zusammen mit allen Seelenfunktionen muss weg, bzw. beruhigt oder zum Stillstand gebracht werden (upaśama). Das ist der mystische Aspekt der Lehre von Nāgārjuna, der seine Skepsis ergänzt und vollendet. Da das bedeutet, dass man keine Position und folglich auch keine Gegenposition einnimmt, indem man keine Unterscheidung trifft, überhaupt kein Extrem vertritt, man in einer unvorstellbaren Mitte zwischen allen Extremen verweilt, nennt Nāgārjuna seine Lehre »Mittigsten Weg« (madhyamā pratipat bzw. Madhyamaka), traditionell einfach »Mittelweg« genannt. Das ist denn auch der Name, unter dem diese mahāyānistische Schulrichtung bekannt ist. Sie gilt später als einzige Lehre, die von klarer, wohlfundierter Bedeutung und somit zielführend ist (nītārtha); alle anderen sonst sind durch sie zu erläutern, zu begründen und damit zum Ziel zu führen (neyārtha).

Nach ein paar hundert Jahren spaltete sich ein Nebenzweig ab, der sich darin unterscheidet, dass er in der Theorie nicht mehr nur, wie das die Anhänger Nāgārjunas bis dahin taten, dialektisch-widerlegend verfuhr, sondern gewisse eigene Schlussverfahren und Erkenntnismittel anwandte. Deshalb werden sie Svātantrikas geheißen. Svatantra bezeichnet hier einen eigenen (logischen) Schluss und/oder Evidenz und Beweis aus sich selbst, während sich diejenigen, die ausschließlich die absurden logischen Konsequenzen von Fremdlehren herausarbeiteten, Konsequenzialisten (Prāsaṅgikas) nannten. Die Abweichung vom Mittelweg des Stifters wurde von diesen in aller Deutlichkeit herausgestellt; sie griffen ihre Svatantra-Kollegen scharf an, indem sie in ihren Lehren subtile Ungereimtheiten ausfindig machten. Dieser Streit setzte sich bis in den tibetischen Buddhismus hinein fort und führt noch heute dazu, dass Gelehrte die Unterschiede zwischen beiden Schulen, die mehr in der Betonung und Verwendung einzelner philosophischer Methodiken denn in substanziellen Unterschieden in den Lehrgehalten und im Lehrziel liegen, überbetonen.

Eine ähnliche Überschätzung der Differenzen ist in Kreisen der Buddhismuskunde bei der Bewertung der Verwandtschaftsverhältnisse zwischen der Mittelwegschule und der Bewusstheitsschule (Vijñānavāda), dem buddhistischen Idealismus, festzustellen.

4.3 Vijñānavāda

Der Vijñānavāda wurde wegen seiner Wertschätzung der Yogapraxis auch als Yogācāra bekannt. Yogācāra bedeutet höchstwahrscheinlich Ausübung des Yoga, es könnte auch Nachsinnen zusammen mit (gutem) Benehmen heißen. Die Bezeichnung dürfte auf die Übernahme eines Buchtitels des Schulgründers zurückgehen. Allgemein geht man heute davon aus, dass die Bewusstheitsschule aus dem Madhyamaka erwuchs. Diese Annahme ist nicht unproblematisch, finden sich im Letzteren doch Ansätze des Ersteren und umgekehrt. Während der Mittelweg, wie beschrieben, vornehmlich auf dem Negativweg der Widerlegung zum Ziel der Überwindung allen Wissens innerhalb des Relativen strebt, tut dies der Vijñānavāda insbesondere mittels Darstellung der Wissensbedingungen, auf deren Basis die Absurditätsbeweise, die das Madhyamaka so berühmt machten, durchgeführt werden können, also eher durch eine positive Methode.

Wollte man dies mit Begriffen aus der westlichen Philosophie beschreiben, so müsste man die erste Methode »skeptisch« oder »dialektisch«, die zweite »transzendental« nennen. Einesteils sind sich die Vertreter des Yogācāra darüber im Klaren, dass all die von ihnen explizierten Faktoren und die daraus aufgebaute Gesamtstruktur des Geistapparats im Sinne des Mittelwegbuddhismus leer und nicht (an sich) seiend sind, andernteils finden sich in Schriften des Letzteren Stellen, die wenigstens darauf hindeuten, wenn nicht gar aussprechen, dass die alles tragende und zugleich überragende Kategorie die des Geistigen ist, was sich ja schon im Namen des Buddha kundtut: der Erwachte, Erleuchtete, der völlige Bewusstheit (bodhi) erlangte.

Der berühmteste Exponent des Vijñānavāda ist Vasubandhu. Er lebte im 4./5. Jh. n. Chr. Auch betreffs seiner Person und der ihm zuzuschreibenden Traktate sind nicht alle Rätsel geklärt. Vermutlich war er der Bruder des Mannes, der die Schule offiziell gründete: Asaṅga (4. Jh. n. Chr.). Wegen seines legendären Mitempfindens wurde er zu einem Bodhisattva stilisiert. Besondere Beachtung verdient seine Lehre von den drei Elementarzuständen (trisvabhāva) und den drei Umwandlungsformen (pariṇāma), die den Geist strukturieren.

Sie stellt eine Systematisierung undeutlicher und schwankender mahāyānistischer Theorien zur Bewusstseinsstruktur dar, die bis dato in Umlauf waren. Zusammenfassend können darin vier Ordnungs- und Manifestationsebenen festgestellt werden, die sowohl als geistmetaphysische Einheiten als auch als meditative Dichtegrade und Stufen der Verinnerlichung angesehen werden können und somit theoretischen Sinn als auch praktische Relevanz besitzen.

Als entsprechende Vergleichspunkte können die Hypostasenlehre des Neuplatonismus mit ihren Platonischen und platonistischen Vorformen der Seins- und Erkenntnisschichtung und die Lehre von den vier Bewusstseinszuständen des Geistselbst im hinduistischen Vedānta genannt werden. Gemäß vijñānavādischer Vorstellung ist alles Existierende nichts als transformierter Geist oder manifestierter Bewusstseinsinhalt. Der Geist selbst ist das Absolute (parinișpanna). Eine erste Umwandlung ist das Lager- oder Speicherbewusstsein (ālaya-vijñāna). Darin befinden sich die Samen (bīja-s), informationsgeladene Wirkkräfte, durch deren Reifung oder Entwicklung in einer zweiten Umwandlung das Denkbewusstsein oder ichverhaftete Verstandesbewusstsein (kliṣṭa-mano-vijñāna) hervorgeht, das sich in einer dritten Modifikation zum Objektbewusstsein (vijñaptir-viṣaya) wandelt. In diesem wird die Fiktion von real existierenden Gegenständen, die als Gesamt die Welt ausmachen, erzeugt; sie glaubt das Dingbewusstsein erfassen zu müssen und zu können (viṣayasya-upalabdhiḥ).

Spätere Schulentwicklungen des Vijñānavāda, die so genannte Svatantra- oder Sautrāntika-Richtung desselben, führen zu einer Art Logizismus, der mit der ursprünglichen Vijñānavāda-Theorie gekoppelt war, dass alles Bewusstheit ist. Die Neuerung lag darin, dass der Geist nun im beständigen Fluss befindlich und momentartig vorgestellt wird, d.h. aus einem Nacheinander von Geistesblitzen besteht. Der Yogācāra-Buddhismus ist historisch betrachtet deshalb so bedeutend, weil er größten Einfluss auf die Ausbildung des chinesischen und allgemein auf die ostasiatischen Ausprägungen des Buddhismus, insbesondere die Chan-Schule (Zen), hatte. Er verleiht (entgegen derzeitiger Interpretationsmoden, die der Weisheit des Ostens als einer uns völlig fremden huldigen) der gesamten buddhistisch beeinflussten Philosophie die Kategorie von Idealität, die es uns platonistisch geprägten Westlern erleichtert, in die vermeintlich unbegreifliche Welt östlichen Wissens vorzudringen und ihre Errungenschaften zur Gestaltung unseres Geisteslebens zu nutzen.

4.4 Vajrayāna

Eine Schule des Buddhismus, die nahezu alles, was Buddha ablehnte, wieder in ihr System integrierte und für den Weg zum Heil dienstbar machte, war das Tantrayāna, das oft auch als Vajrayāna, als Diamantfahrzeug, bezeichnet wird. Vajra heißt Diamant oder Donnerkeil. Weil der Diamant völlig transparent ist, gilt er als das Symbol der reinen Leere, die in dieser Schulrichtung eine wichtige Rolle spielt. Das Tantrayāna ist nach dem Hīnayāna und dem Mahāyāna das dritte bedeutende Fahrzeug des Buddhismus, das seinerseits die Lehre des Mahāyāna aufgriff und weiterentwickelte. Ging das Hīnayāna von den dharma-s als letzten Wirklichkeitspartikeln aus, die alles konstituieren, zeigte das Mahāyāna, dass auch diese dharma-s leer von Eigensein sind, wie alles Existierende, weswegen auch zwischen Erlösung und Wandelwelt kein Unterschied besteht. Das Tantrayāna zog daraus die Konsequenz, dass dann auch alles Innerweltliche Wirklichkeit in Reinform ist.

Der Versuch, die asketisch-meditative Lehre Buddhas für immer breiteren Massen zugänglich zu machen, was ja das Programm des Mahāyāna war, wurde im Vajrayāna perfektioniert. Es verstand sich selbst als eine Art Autobahn zum Heil. Wenn alles die eine, ungeteilte Wirklichkeit ist, dann darf aus dieser Wirklichkeit auch nichts ausgegrenzt werden, dann ist nichts negativ, falsch oder unheilsam.

Hevajra und seine Partnerin Nairātunā

Falsch, unheilsam, negativ ist es nur durch die unerleuchtete Betrachtungsweise, die alles differenziert und unterteilt. Nicht durch die Ausgrenzung der Leidenschaften, sondern durch ihre Einschmelzung wird Heil erlangt. Was gemeinhin als Laster oder Anhaftung bezeichnet wird, und entsprechend der urbuddhistischen Lehren vernichtet werden soll, ist in Wahrheit nichts Negatives, sondern kann dienstbar gemacht werden für den Weg zum Heil.

Galten Tötung, Diebstahl, Unzucht, Meineid und Alkoholkonsum im asketischen Urbuddhismus als unheilvoll, so integrierte der Tantrismus diese nun in sein System, wobei die meisten tantrischen Richtungen diese Integration nicht als reale, sondern als in der Meditation zu vollziehende verstanden. Der Hintergrund war die metaphysische Vorstellung, dass alles mit allem verbunden ist und deshalb nichts ausgeschlossen oder abgelehnt werden darf, auch nicht das Ekelhafte und Unangenehme! Konkret konnte sich das darin äußern, dass ›Yogis‹ dieser Richtung Unrat und Exkremente verzehrten, im Dreck lebten etc. Schulen, die diese Integration nur symbolisch praktizieren, bezeichnet man als rechtshändigen Tantrismus, im Gegensatz zum linkshändigen, der das Vajrayāna wohl zur sagenumwobensten Schule des Buddhismus machte.

Im linkshändigen Tantrismus spielt die Sexualität eine wichtige Rolle. Das männliche und das weibliche Prinzip stehen als Sinnbild für die Dualität unserer Weltwirklichkeit. In ihrer Vereinigung wird diese Dualität durch Verschmelzung aufgehoben; ein Gedanke, der auch für den hinduistischen Tantrismus kennzeichnend ist. Wer hier wen beeinflusste, der Buddhismus den Hinduismus oder umgekehrt, lässt sich genauso wenig definitiv feststellen wie das Entstehungsdatum des buddhistischen Tantrismus, von dem man erst ab dem 7. Jh. schriftliche Zeugnisse hat. Im linkshändigen Tantrismus, der immer die Minderheitenposition ausmachte, wurde die sexuelle Vereinigung des Männlichen und Weiblichen als echter mystischer Weg praktiziert. Aus diesem Grund wurde dieser Tantrismus-Zweig oftmals als reines Dekadenzphänomen abgewertet. Sicherlich gab es innerhalb dieser Bewegung auch Scharlatane und Libertinisten, die unter dem Mäntelchen der Spiritualität ungehemmt ihre Triebe auslebten, dennoch stand hinter dem linkshändigen Tantrismus ein echter spiritueller Anspruch. So wurde immer wieder darauf hingewiesen, dass es einer langen geistigen Vorbereitung bedürfe, um sich nicht durch den Gebrauch der Lust egoistisch in die Sinnenwelt zu verstricken. Ohne rechte Erkenntnis führt dieser Weg nicht zum Heil, sondern in eine immer tiefere karmische Befangenheit.

Mit der Integration der Sexualität in das Erlösungssystem des linkshändigen Tantrismus ist noch ein zweites Phänomen verbunden, das sowohl für den Buddhismus als auch für den Hinduismus eher ungewöhnlich war: die Aufwertung des Weiblichen. Gerade im tibetischen Tantrismus entwickelten sich Strömungen, die das Weibliche als das führende und leitende Prinzip etablierten: die Yoginī, die ihren Schüler in die Geheimnisse des Erlösungsweges einweiht. Im Gegensatz zum Hinduismus wird das weibliche Element im Buddhismus

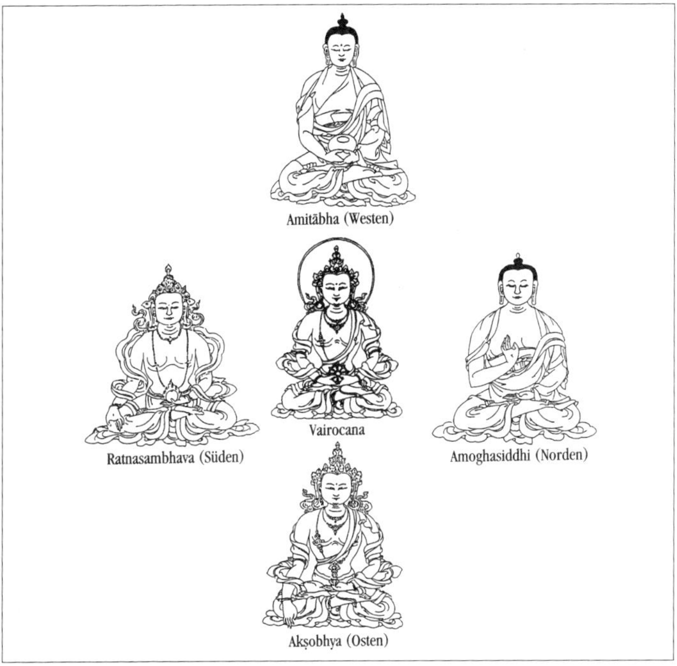

Dhyānibuddhas (Meditationsbuddhas)

jedoch als passives Prinzip gedacht. Sein Komplement hat es im aktiven männlichen, das dort als upāya (Lehrmittel / Kunstgriff) bezeichnet wird. Upāya führt zusammen mit prajñā, Wissen und Weisheit, der weiblichen Seite der Paarung, zur vollkommenen Erlösung.

Die Tatsache, dass sowohl die Sexualität für den spirituellen Weg dienstbar gemacht wurde als auch die Höherbewertung des Weiblichen innerhalb des Tantrismus führte dazu, dass einige Forscher die Annahme äußerten, dass der Tantrismus durch die Gnosis beeinflusst sein könnte, jene mittelmeerisch-orientalische Bewegung, in der sich ganz ähnliche Phänomene, jedoch um einiges früher, ausmachen lassen. Eine Ostwärtswanderung gnostischer Lehren ist durchaus denkbar, auch wenn es dafür momentan noch keine historischen Beweise gibt.

Ein wesentlicher Aspekt beider Richtungen des tantrischen Buddhismus ist ihr magischer Ritualismus. Wenn alles mit allem verwoben ist, dann hat auch alles auf alles Einfluss. Es entwickelte sich ab dem 3. Jh.n.Chr. in Indien eine richtige Sprach-Wissenschaft, deren Inhalt bestimmte Silben, Wörter, Formeln waren, mittels deren man Einfluss auf die Wirklichkeit nehmen wollte. Ein Gedanke, der ja schon in den hinduistischen Veden anzutreffen ist. Da man ihnen eine große Wirkung beimaß und ihren Missbrauch fürchtete, wurde dieses Wissen nur Eingeweihten gelehrt. Die Silben und Worte nennt man mantra, weswegen diese Richtung des Tantrismus oft auch als Mantrayāna bezeichnet wird. Ein praxisspezifischer Unterschied zum alten hinduistisch-brahmanischen Opferritualismus und -magismus, den Buddha ja aufs Heftigste kritisiert hatte, ist im Mantrayāna kaum mehr zu erkennen. Der Tantrismus erfreute sich aber wohl gerade wegen seiner magischen Ausrichtung bei den breiten Massen größter Beliebtheit und konnte sich deshalb sehr schnell im gesamten asiatischen Raum ausbreiten. Großen Einfluss hatte er in China und in Tibet. In Tibet ist das Vajrayāna noch heute die vorherrschende Richtung des Buddhismus.

Was ebenso typisch ist für das Vajrayāna, ist sein unglaubliches Götterpantheon. Die unzähligen Buddhas, Bodhisattvas, Götter und Dämonen gelten als Verkörperungen geistiger Zustände, die in der Meditation visualisiert werden. In der Volksreligion werden sie meist als eigenständige Gottheiten verehrt. Das tantrische System kennt einen Urbuddha, aus dem fünf Dhyānibuddhas, die so genannten Meditationsbuddhas, hervorgingen. Akṣobhya im Osten, Amitābha im Westen, Amoghasiddhi im Norden, Ratnasaṃbhava im Süden, und Vairocana, der Sonnengleiche, so die Bedeutung seines Namens, im Zentrum. Ihnen sind die fünf Himmelsrichtungen, die fünf Elemente, fünf Farben, die fünf skandha-s etc. zugeordnet.

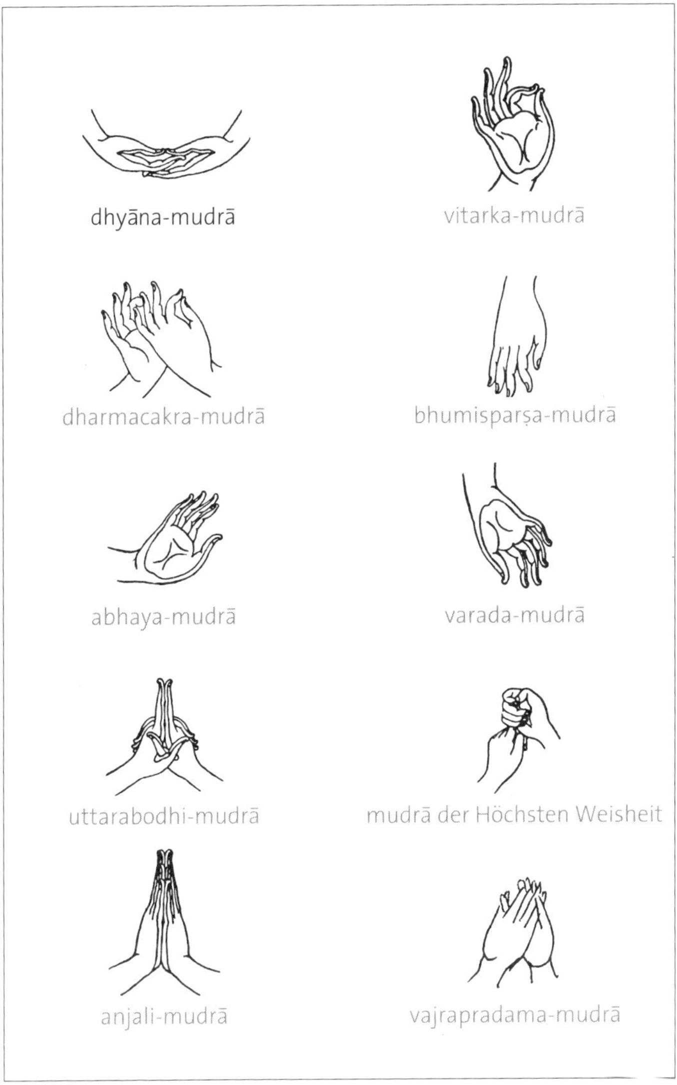
dhyāna-mudrā
vitarka-mudrā
dharmacakra-mudrā
bhumisparṣa-mudrā
abhaya-mudrā
varada-mudrā
uttarabodhi-mudrā
mudrā der Höchsten Weisheit
anjali-mudrā
vajrapradama-mudrā

Mudras

In der späteren Entwicklung wurde Vairocana oft mit dem Urbuddha identifiziert. Er ist gänzlich überzeitlich, ohne Anfang und Ende, reiner Heilsbringer für die gesamte Welt. Vairocana ist die Wirklichkeit an sich, die jeder Mensch in sich trägt, sie aber aufgrund seiner Verblendung nicht erkennt. Aus diesen fünf Meditationsbuddhas gingen die fünf bedeutenden Bodhisattvas: Samantabhadra, Vajrapāṇi, Ratnapāṇi, Avalokiteśvara und Padmapāṇi hervor, sowie die fünf historischen Buddhas, von denen Siddhārtha Gautama der vierte war. Zudem wurden den Dhyānibuddhas fünf weibliche Śakti-s zugeordnet: Tārā, Locanā, Māmakī, Paṇḍarā und Āryātārā.

Es ist gut möglich, dass die fünf Dhyānibuddhas personifizierte Weiterentwicklungen der verschiedenen ikonographisch dargestellten Handhaltungsgesten Buddhas sind. Diese Gesten bezeichnet man als mudrā. Sie stehen für einen bestimmten Lehrgehalt oder eine Gesinnung. Neben der Meditationsgeste (dhyāna-mudrā), sind die Wunschgewährungsgeste (varada-mudrā), die Erdberührungsgeste (bhūmisparṣa-mudrā), die das Rad-der-Lehre-in-Bewegung-Setzen-Geste (dharmacakra-mudrā), und die Geste der Furchtlosigkeit (abhaya-mudrā) mit die bedeutendsten. In der tibetischen Tradition wird der Dhyānibuddha Akṣobhya, was so viel wie der Unerschütterliche heißt, mit der Erdberührungsgeste dargestellt. Die Hände Amitābhas, was der ›unendliche Glanz‹ bedeutet, ruhen in der Meditationshaltung. Amoghasiddhis typische Geste ist die der Furchtlosigkeit. Ratnasaṃbhava, was ›Ursprung der (drei) Juwelen‹ heißt, wird mit der Wunschgewährungsgeste dargestellt und Vairocana mit der Handhaltung des dharmacakra-mudrā.

4.5 Zen

›Zen‹ ist die japanische Übersetzung des chinesischen Wortes Chan, das wiederum die Übersetzung des indischen Wortes dhyāna ist. Dhyāna heißt Kontemplation. Der Chan-Buddhismus entstand im 6.

Bodhidharma, erster Patriarch des Zen-Buddhismus (Tuschmalerei von Bokkei aus dem 15. Jahrhundert

Jh. in China. Als sein Gründer gilt der indische Mönch Bodhidharma (470–ca. 543), der als erster Patriarch des chinesischen Zen verehrt wird. Bodhidharma brachte das Laṅkāvatāra-Sūtra aus Indien mit nach China, das wesentlichen Einfluss auf die weitere Entwicklung des Chan hatte. Der zenbuddhistischen Tradition nach lehrte Buddha selbst in seiner Predigt am Geierberg das Wesen des Chan. Für eine indische Traditionslinie gibt es allerdings keinerlei Beweise. Zu einer echt chinesischen Bewegung wurde das Chan durch den sechsten Patriarchen Hui-neng (637–713).

Hui-neng vertrat die Ansicht, dass das Studium der heiligen Texte zu nichts führt. Erleuchtung wird nicht stufenweise erlangt, sondern plötzlich. Diese plötzliche Erleuchtung bezeichnet man als tongo, während die schrittweise Annäherung zengo heißt. Diese beiden Erleuchtungsvorstellungen stehen auch für zwei Zen-Bewegungen in China. Die eine wird als Nord-Chan, die andere als Süd-Chan bezeichnet. Der nördliche Zweig, der die schrittweise Annäherung lehrte und in Shen-hsiu (605–706) seinen Gründer hatte, starb jedoch bald aus. Er war noch stark vom indischen Meditationsbuddhismus geprägt. Im Süd-Chan wurden hingegen wesentliche Elemente des chi-

nesischen Taoismus aufgenommen. Mit ihm erfolgte eine echte Sini-
→S.100 nisierung des Buddhismus (**Meditation**).

Das Zen legt sehr viel Wert auf Intuition und auf das spirituell-praktische Element, das allein zur Buddha-Werdung führt, denn die Wirklichkeit kann nicht mittels Diskursivität erkannt werden. Alle metaphysischen Lehren verdunkeln die Wirklichkeit mehr, als dass sie ihr Wesen enthüllen. Entscheidend für die Zen-Tradition ist zudem die Betonung einer außerhalb der orthodoxen Lehre angesiedelten Überlieferung, womit eine geistige Unabhängigkeit von den tradierten heiligen Texten einhergeht.

Im Zentrum steht die im Mahāyāna entwickelte Doktrin von der Leere. Weil nichts in dieser Welt aus und an sich ist, deshalb ist alles (wesen-)leer. Die Wirklichkeit ist durch Non-Dualität gekennzeichnet, die aufgrund von Unwissenheit jedoch nicht erkannt wird.

Die ursprüngliche Zen-Lehre betonte stets den Aspekt, dass sie nichts zu lehren habe, da die Wirklichkeit nicht durch Lehren, Begrifflichkeiten etc. erfahren werden kann. Jede metaphysische Spekulation verstrickt den Menschen immer mehr in die Dualität, die er überwinden möchte. Aus diesem Grund liebt der Zen-Buddhismus auch Paradoxien zur Unterweisung seiner Schüler, da diese nicht durch Denken zu lösen sind. Aufgrund dieser Skepsis gegenüber dem Denken und seiner anti-metaphysischen Ausrichtung wurde oftmals behauptet, das Zen sei unlogisch. Dies trifft den Sachverhalt jedoch nicht. Der Zen-Buddhismus ist nicht unlogisch, sondern a-logisch oder postlogisch. Die Wirksamkeit der Paradoxien, die als Koans bezeichnet werden, basiert auf der unausgesprochenen Anerkennung der Logik. Nur wer sich aufmacht und glaubt, mittels Denken eine Lösung zu finden, wird überhaupt die den Koans zugrunde liegende Paradoxie zu lösen versuchen, um letztlich ihre Unlösbarkeit zu erkennen.

Ein Kennzeichen, das den Zen-Buddhismus ebenso von traditionellen Schulen unterscheidet, ist auf der einen Seite seine sehr antiautoritäre Ausrichtung, der auf der anderen Seite durch eine enge Lehrer-Schüler-Beziehung, durch ein strenges Unterordnungsverhältnis, ein Gegengewicht gesetzt wird. Diese antiautoritäre Ausrichtung hat ihren Hintergrund in der Anschauung, dass in jedem Menschen die Wirklichkeit in ihrer Totalität stets präsent ist, auch wenn der Einzelne sich dessen nicht bewusst ist. Seine einzige Aufgabe ist es, sich dieser bewusst zu werden. Verehrung des Buddha, Studium der heiligen Schriften etc. führt zu nichts. So überliefert die Zen-Tradition Geschichten von Mönchen, die Buddha-Statuen im Winter, als es ihnen kalt war, verbrannten. Ein bedeutender Ausspruch aus dieser Richtung lautet: ›Töte den Buddha, wo du ihn triffst!‹ Was nichts anderes heißt, als dass die Verehrung Buddhas sinnlos ist, wenn man nicht selbst zum Buddha geworden ist. Kult, Verehrung, Studium tangieren immer nur die Oberfläche, nie aber das eigentliche Wesen, weswegen sie aufzugeben sind.

Mit der antiautoritären Ausrichtung ist auch ein antizivilisatorischer Zug verbunden. Viele große Zen-Meister zeichneten sich durch eine Ablehnung aller kulturellen und zivilisatorischen Leistungen aus. Nicht die Welt zu gestalten ist die Aufgabe des Menschen, sondern die Welt zu nehmen, wie sie ist, da jede Differenzierung selbst schon wieder Ausdruck eines gespaltenen Bewusstseins ist. Diesem antizivilisatorischen Zug steht die Ausbildung höchster Kulturleistungen auf der anderen Seite gegenüber, die vor allem als Zen-Künste Bedeutung erlangten. Wie geht dies nun mit der Zen-Lehre zusammen? Man interpretierte die Lehre von der Ungeteiltheit der Wirklichkeit dahingehend, dass diese eben auch im Alltäglichen, im Weltlichen oder in der Kunst zu finden sei. Wenn alles wesenlos ist, ist alles gleich: der Alltag wie die Spiritualität.

Ab dem 12. Jh. wird der Hang zum Ästhetischen im japanischen Zen immer mächtiger und es entwickeln sich langsam die verschiedenen Künste. Neben der Schauspielkunst, bzw. dem Tanzdrama (no) gelten der Schwertkampf (ken-do), ebenso wie das Blumenstellen (ikebana) und die Tuschemalerei und Kalligraphie (sumi-e) als klassische Zen-Künste. Die vermutlich bekanntesten sind jedoch die Teezeremonie (cha-no-yu) und das Bogenschießen (kyu-do). Auch wenn es nicht als traditionelle Zen-Kunst gilt, so kommt dem Anlegen der Kloster- bzw. Meditationsgärten ebenso eine hohe Bedeutung zu. Sie dienen der visuellen Verdeutlichung der wesentlichen Prinzipien des Zen-Buddhismus.

5. SCHRIFTEN

Die in Indien zur Zeit Buddhas gebräuchliche heilige Sprache war das Sanskrit. In ihr wurden alle bedeutenden Texte, seien sie religiöser, philosophischer, wissenschaftlicher oder literarischer Natur, verfasst. Dass die heiligen Texte des Ur-Buddhismus nicht wie in Indien üblich in Sanskrit sind, hängt damit zusammen, dass Buddha selbst seine Lehre nicht aufschrieb. Vermutlich predigte er in Kosalī. Wie schon angesprochen, wurde die Lehre Buddhas erst gut 400 Jahre nach seinem Tod schriftlich fixiert, nachdem sie auf dem dritten Konzil um 252 v.Chr., das unter der Schirmherrschaft Kaiser Aśokas in Pāṭaliputra stattfand, redaktionell zusammengestellt wurde. Die Verschriftlichung um 80 v.Chr. geschah in Sri Lanka, da der Buddhismus zu dieser Zeit durch die Invasionen der hinduistischen Tamilen stark bedroht war. Um zu verhindern, dass die Lehre, die bis dato mündlich tradiert wurde, verloren ging, schrieb man sie in der zu dieser Zeit üblichen Sprache, dem Pāli, nieder, weswegen die so entstandene Sammlung auch als Pāli-Kanon bezeichnet wird.

In Pāli wird er tipiṭaka genannt, in Sanskrit tri-piṭaka, was so viel wie »Dreikorb« heißt, da er aus drei Sammlungen besteht. Korb bezeichnet die ursprüngliche Aufbewahrungsart für jene Palmblätter, die als Schreibmaterial dienten. Alle beschriebenen Blätter, die zu einem Themenkomplex gehörten, wurden in einen Korb gelegt. Die drei Körbe oder Sammlungen bestehen aus den Ordensregeln, dem vinayapiṭaka. Er beinhaltet alle Regeln der buddhistischen Nonnen und Mönche. Der zweite Korb wird als suttapiṭaka bezeichnet (in Sanskrit sūtrapiṭaka). In ihm sind die Lehrreden Buddhas gesammelt. Die dritte Sammlung umfasst die ›dogmatischen Abhandlungen‹, den abhidharmma. Im Sanskrit bezeichnet man ihn als abhidharmapiṭaka. Er entstand zwischen dem 3. und 1. Jh. v. Chr. Die in ihm versammelten Auslegungen der Lehren Buddhas beeinflussten besonders den Theravāda-Buddhismus.

Der Lehrredenkorb besteht aus fünf Sammlungen, die man nikāya nennt. Eine ist der Dīgha-Nikāya, die Sammlung der langen Reden, daneben gibt es den Majjhima-Nikāya, die mittellangen Reden, den Saṃyutta-Nikāya, die ›zusammengefassten Lehrreden‹, den Aṅguttara-Nikāya, aṅguttara heißt so viel wie ›nach aufsteigender Zahlenfolge angeordnet‹, und den Kuddhaka-Nikāya, was so viel bedeutet wie ›kurze Zusammenstellung‹. Der Kuddhaka-Nikāya selbst besteht wieder aus fünfzehn verschiedenen Schriften, von denen aber nur sechs bedeutsam sind. Dazu gehören das Dhammapada, das Buch der ›Wahrheitsworte‹, das Itivuttaka, was übersetzt ›also wurde gesprochen‹ bedeutet, das Udāna, das wohl so viel wie Erbauungsrede heißt, der Suttanipāta, der eine kleine, in Abschnitte unterteilte Sammlung von Lehrvorträgen ist, die diesem Werk seinen Namen gab, und die Thera- und Therīgāthā, die Verse bzw. Lieder früherer Ordensmitglieder beinhalten, weswegen man sie im Deutschen als ›Strophen der Mönche und Nonnen‹ bezeichnet.

Neben dem Pāli-Tripiṭaka gibt es auch eine chinesische und eine tibetische Sammlung. Der chinesische tripiṭaka ist seinem Aufbau nach nicht so streng geordnet und wurde im Lauf der Zeit immer wieder verändert. Die tibetische Sammlung besteht aus 2 Teilen, dem Kanjur und dem Tanjur. Der Kanjur ist eine 100 Bände umfassende Sutren-Sammlung, die in sechs Bereiche unterteilt ist. Der Tanjur kommentiert in über 225 Bänden die Texte des Kanjur. Er zerfällt in drei Teile.

6. AUSBREITUNG

Mit der ersten Predigt in Benares begann der Siegeszug der buddhistischen Lehre in Indien, der dort erst mit der Vertreibung und Ermordung eines Großteils der buddhistischen Mönche und Nonnen durch die turkstämmigen muslimischen Invasoren ab dem 11. Jh. sein Ende fand. Zwischenzeitlich hatte sich der Buddhismus jedoch weit über die Grenzen seines Ursprungslandes ausgedehnt, was mit seiner missionarischen Haltung zusammenhing. So sandte schon der indische Kaiser Aśoka Missionare in die westlichen Gebiete des Reichs. Im Zuge dieser Missionierungswellen wurden Länder wie das heutige Afghanistan buddhistisch. Erst unter dem Ansturm der islamischen Heerscharen im 8. Jh. setzte sich dort der Islam durch. Zudem gelangte der Buddhismus in den östlichen Iran und nach Turkestan.

Bereits im 3. Jh. v. Chr. kam der Buddhismus nach Sri Lanka, wo er sich schnell etablierte und das Leben des Landes nachhaltig prägte, da er unter dem besonderen Schutz der Landesherrscher stand. Um das Jahr 80 v. Chr. wurde dort der Pāli-Kanon schriftlich fixiert. Die enge Verbindung von Staat und Religion führte in Sri Lanka nicht nur dazu, dass der Buddhismus mit dem Singhalesentum zu einer untrennbaren Einheit verschmolz, die den Nationalismus religiös untermauerte, sondern auch dazu, dass der Orden wirtschaftlich und politisch zur bestimmenden Größe im Lande wurde. Dies bedingte eine völlige Verweltlichung des Ordens. Im 15. Jh. war diese so weit vorangeschritten, dass viele Mönche eine Familie hatten und nicht einmal mehr das Mönchsgewand trugen. Lediglich die so genannten Waldmönche, die sich im 12. Jh. von den in den Dörfern lebenden Mönchen getrennt hatten, fühlten sich noch dem monastischen Ide-

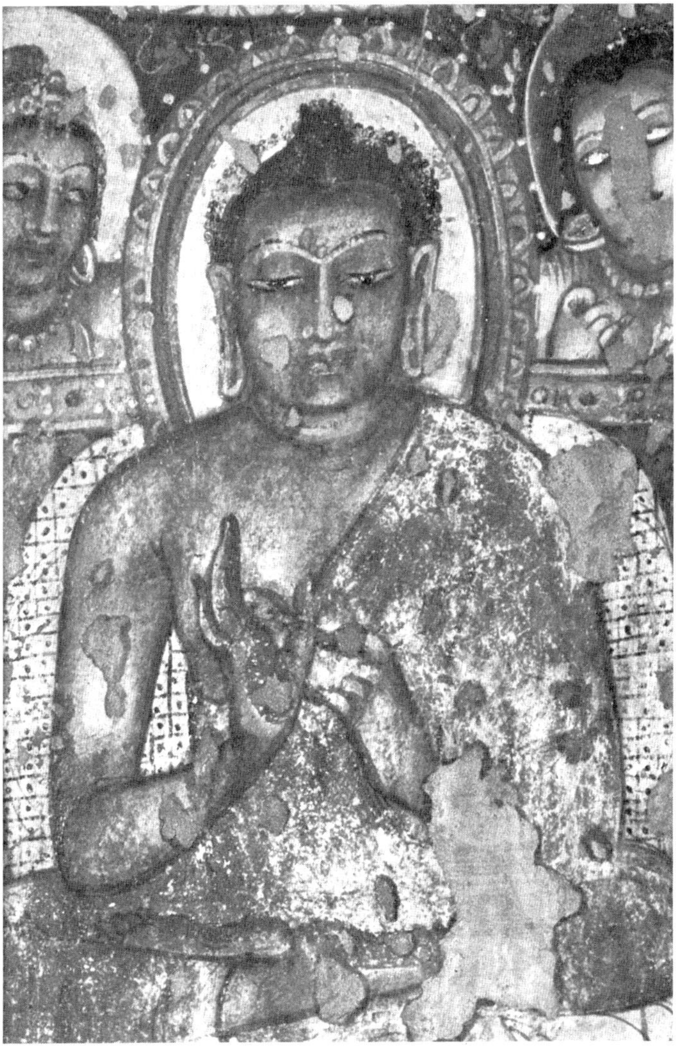

Detail aus einer Darstellung Buddhas in verschiedenen Haltungen in den Klosterhöhlen von Ajaṇṭā.

al verpflichtet. Zu einer echten Erneuerung des Ordens kam es im 19. Jh. nicht zuletzt unter dem Einfluss der Theosophischen Gesellschaft. Dies erklärt auch, weswegen der moderne monastische Buddhismus Sri Lankas z.T. Züge eines puritanischen Protestantismus des 19. Jh. zeigt.

Im 2. Jh.v.Chr. war der Buddhismus schon in Zentralasien bekannt, von wo er in Richtung China wanderte. Bereits um die Zeitenwende tauchten dort die ersten Buddhisten auf. Allerdings konnte sich der Buddhismus in China erst ab dem 3./4. Jh. wirklich durchsetzen. Er breitete sich vor allem entlang der Seidenstraße aus, wo der Orden Klöster errichtete und Reisende missionierte. Von diesen Klöstern zogen die Mönche und Nonnen dann immer weiter ins Landesinnere, um dort die Lehre zu verkünden. Im 7. Jh. war China nicht nur Zentrum eines blühenden Klosterwesens, sondern auch Stätte unterschiedlichsten religiösen Kunstschaffens. Der chinesische Buddhismus nahm viele Elemente vorbuddhistischer Kulte auf, die ihm sein eigenes Gesicht gaben. So kannte der Volksbuddhismus z.B. einen ausgeprägten Ahnenkult.

Neben dem z.T. sehr magisch orientierten Volksbuddhismus entwickelten sich aber auch bedeutende philosophische Schulen wie der T'ien-t'ai-Buddhismus, dessen Name übersetzt so viel wie ›Schule der himmlischen Plattform‹ heißt. Er geht auf das 6. Jh.n.Chr. zurück. Seine geistige Grundlage ist das ›Lotos-Sutra‹. Alle weltlichen Erscheinungen gelten in dieser Schule nur als Ausdruck des Absoluten. Zwischen den Erscheinungen und dem Absoluten gibt es keine Unterschiede. Um diese Einsicht existenziell zu erfahren, bediente sich der T'ien-t'ai-Buddhismus wie die meisten buddhistischen Traditionen der Meditation. In Japan tritt er ab dem 9. Jh.n.Chr. auf, wo er als Tendai bezeichnet wird.

Wie der T'ien-t'ai-Buddhismus so stützt sich auch der Hua-yen-Buddhismus, der seinen Namen vom ›Blumengirlanden-Sutra‹ hat, auf die mahāyānistische Doktrin von der Lehre der Leere. Dies bedeutet, dass nichts aus sich selbst wesenhaft ist. Als Gründer gilt der Chinese Fa-tsang (643–712). Ab 740 n. Chr. ist der Hua-yen-Buddhismus auch in Japan greifbar, wo er unter dem Namen Kegon bekannt ist. Um zu zeigen, dass es zwischen absoluter Wirklichkeit und ihrer Erscheinung keinen Unterschied gibt, bediente sich der Hua-yen-Buddhismus des Bildes vom goldenen Löwen. Der sichtbare Löwe steht für die phänomenale Welt shih, während das Gold, aus dem er gemacht ist, für das Urprinzip (das Absolute / die reine Wirklichkeit) li steht. So wie Gold und Löwe nicht voneinander zu trennen sind, so eben auch nicht die Erscheinungen und die reine Wirklichkeit. Eine entsprechende Lehre war schon in den frühesten Upanischaden Indiens bekannt.

Burma wurde ab dem 6. Jh. n. Chr. buddhistisch. Neben seiner hīnayānistischen Tradition kannte es auch Jahrhunderte lang eine bedeutende mahāyānistische Linie. Als im 13. Jh. Thaivölker aus Südchina ins heutige Thailand und nach Laos kamen, verdrängten sie dort z.T. die Khmerherrscher und gründeten eigene kleine Staaten, die nach kurzer Zeit buddhistisch waren. Auch Kambodscha, wo es bereits seit dem 9. Jh. mahāyānistische Schulen gab, wandte sich nach dem Untergang der śivaitisch orientierten Khmerherrscher und dem Eindringen der buddhistischen Thai im 13./14. Jh. dem Theravāda-Buddhismus zu. Wesentlich früher lassen sich für Vietnam buddhistische Einflüsse erkennen. Bereits im 2. Jh. gab es im Norden Vietnams buddhistische Gemeinden. Ab dem 6. Jh. existierten am Chan orientierte Schulrichtungen. Und seit der Jahrtausendwende wurde der Orden mit einer kurzen Unterbrechung im 15. Jh. staatlich gefördert.

Die Ausbreitung des Buddhismus beschränkt sich aber nicht nur auf angrenzende Länder. Ab dem 5. Jh. war der Buddhismus auch in Java und ab dem 6. Jh. in Sumatra bekannt, wo er durch den eindringenden Islam im 15. Jh. verdrängt wird. Das baulich eindrucksvollste Zeugnis des javanesischen Buddhismus ist die heute zum Weltkulturerbe zählende Tempelanlage von Borobudur aus dem 9. Jh.

Über Korea, das im 4./5. Jh. n. Chr. buddhistisch wurde, kam der Buddhismus direkt nach Japan, wo er sich mit shintoistischen Elementen verband. Der koreanische Buddhismus war sehr stark vom chinesischen beeinflusst. Besonders der Chan-Buddhismus erfreute sich großer Beliebtheit. Als ab dem 15. Jh. der Konfuzianismus Staatslehre wurde, führte dies zur erheblichen Beschneidung vieler Privilegien für die Klöster, wovon die wesentlichsten die Reduzierung des Grundbesitzes und die Abschaffung der Steuerfreiheit waren.

Der ab dem 6. Jh. in Japan bekannte Buddhismus war zunächst eng mit dem Kaiserhof verbunden. Hier stand nicht so sehr der ethische oder meditative Aspekt im Vordergrund, sondern der magische. Man erhoffte sich Schutz vor Krankheiten, Naturkatastrophen etc. Ab dem 10. Jh. ist in Japan ein regelrechter Niedergang zu beobachten, der erst durch die Etablierung des Zen und des Amida-Buddhismus, der auch als ›Schule des Reinen Landes‹ bezeichnet wird, gestoppt wird. Der Amidakult war schon ab dem 10. Jh. in Japan bekannt, wurde aber erst ab dem 12. Jh. unter Hōnen Shōnin und seinem Schüler Shinran Shōnin zu einer echten Massenbewegung. Shinran lehnte nicht nur die magisch-religiösen Handlungen ab, sondern auch traditionelle Ausprägungen des Buddhismus wie das Zölibat für Mönche.

Im Zentrum des Amidismus steht die Lehre, dass kein Mensch aus eigener Kraft mehr den Weg zum Heil gehen kann, dass aber Buddha Amida aus unendlicher Barmherzigkeit mit allen Wesen diesen, so sie nur seinen Namen anrufen, eine Wiedergeburt in seinem im Westen gelegenen Himmel Sukhāvatī ermöglicht. Dieser ist nichts anderes als das ›Reine Land‹. Auch wenn die Wiedergeburt im Reinen Land eher als Bewusstseinszustand zu verstehen ist, so entwickelte sich in der volksreligiösen Betrachtung schnell die Vorstellung von einem echten paradiesischen Ort. Die Wiedergeburt im Sukhāvatī-Himmel ist zwar noch keine endgültige Erlösung, aber von dort ist es allen Wesen möglich, absolute Erlösung zu erlangen.

Tibet wurde in zwei Phasen buddhisiert. Die erste, nicht besonders erfolgreiche, fand zwischen dem 7. und 9. Jh. n. Chr. statt. Sie traf auf großen Widerstand der Vertreter der urtibetischen Bön-Religion. Erst in einer zweiten Phase, die ab dem 10. Jh. zu datieren ist, trat der Buddhismus seinen Siegeszug durch ganz Tibet an, indem er den Bön-Kult in sein Lehrgebäude integrierte. Diese Integration prägt bis heute das Gesicht des tibetischen Buddhismus, der vor allem durch seine z.T. schamanistischen Praktiken und die ungeheure Anzahl von Göttern und Dämonen bestimmt ist. Eine Besonderheit des tibetischen Buddhismus ist der Lamaismus.

Das Wort Lama ist tibetisch und heißt der »Obere«. Er ist der spirituelle Führer, der für das Heil seiner Schüler mitverantwortlich ist. Ein Lama gilt als Manifestation des Urbuddha. Mit dem Lamaismus ist ein ganz bestimmtes Nachfolgesystem verbunden, das man als Tuluksystem bezeichnet. Es basiert auf der vijñānavāda-buddhistischen ›Dreikörperlehre‹. Tuluk entspricht im Tibetischen dem, was im Sanskrit ›nirmāṇakāya‹ (Verwandlungskörper) heißt. Jeder hohe Lama gilt als Reinkarnation seines Vorgängers. Um sicher zu sein, dass das als Nachfolger bestimmte Kind wirklich die Wiederverkörperung des Verstorbenen ist, muss es etliche Prüfungen bestehen. Es muss z.B. aus verschiedenen Gegenständen heraus diejenigen erkennen, die ihm im letzten Leben gehörten etc.

Der tibetische Buddhismus unterteilt sich in zwei Hauptströmungen, die so genannten Gelbmützen, die Gelugpas, was so viel wie ›Tugendschule‹ heißt, und die Rotmützen, die Nyingmapas genannt werden, was so viel wie ›die Alten‹ heißt. Der Name bezieht sich darauf, dass sie sich auf die erste Phase des Buddhismus in Tibet zurückführen. Sie verloren allerdings schnell an Bedeutung. Die Gelbmützen sehen in Tsonkhapa (1357–1419) ihren Gründer. Er gilt als der wichtigste Reformator des tibetischen Buddhismus. Tsonkhapa ging radikal gegen die Laxheiten im Orden vor. Er schaffte es, dass das Zölibat ebenso wie das strikte Verbot aller Rauschmittel und von Alkohol sich im Orden wieder durchsetzen konnten. Die Aufweichung dieser Regel hing u.a. mit dem Einfluss des linkshändigen Tantrismus zusammen, der sowohl Sexualität als auch Drogen auf seinem spirituellen Weg als Mittel nutzte.

Ferner kam es unter Tsonkhapa, der ein scharfer Denker und Dialektiker war und gewaltige Werke der spirituellen Philosophie schuf, zur Gründung von Klosterschulen, Klöstern und Bibliotheken. Das Studium der Texte spielte wieder eine wichtige Rolle. Das Oberhaupt des Gelugpa-Ordens ist der Dalai Lama, der diesen Titel im 16. Jh., bedingt durch gute politische Beziehungen zum Mogulherrscher, verliehen bekam. Er gilt als Inkarnation des Buddha Avalokiteśvara. Bis zum Einmarsch der Chinesen in Tibet und der Flucht des Dalai Lama im Jahr 1959 ins indische Dharamsala bestimmte er die Geschicke der Tibeter sowohl im religiösen als auch im politischen Bereich, wobei nicht alle Dalai Lamas ihre Herrschaft an den buddhistischen Tugenden des Mitgefühls und Mitleids orientierten. Die Mongolei wurde als letztes Land buddhistisch. Die Verbreitung und Verkündigung der Lehre geschah von Tibet aus und begann ab dem 16. Jh.

VERTIEFUNGEN

Lehre vom Nicht-Schädigen (Ahiṃsā): Herkunft des Gedankens

Die Ahiṃsā-Lehre, die Lehre vom Nicht-Verletzen, ist einer der zentralen Gedanken der buddhistischen Ethik, auch wenn es sich hierbei nicht um eine genuin buddhistische Anschauung handelt. Vermutlich stammt die Ahiṃsā-Idee aus dem Jainismus. Jain bedeutet übersetzt Sieger, der Sieg des Jain war kein Sieg, errungen im Kampf gegen andere, sondern im Kampf gegen das eigene Ego. Der Jainismus zählt wie der Buddhismus zu den heterodoxen indischen Religionssystemen, da die Jains wie die Buddhisten die Veden, d.h. die heiligen Texte der Hindus, nicht als autoritative Schrift anerkannten. Ferner verband beide Religionen ihr Ignorieren des Kastensystems.

Als Gründer des Jainismus gilt Mahāvīra (540–468 v. Chr.), der ein Zeitgenosse Buddhas war, wobei das Wort Gründer aus jainistischer Sicht nicht ganz zutreffend ist, da ihre Lehre nach Mahāvīra, was soviel wie großer Held heißt und ein Ehrentitel ist, der vierundzwanzigste der Tīrthaṅkaras war. Der Jainismus geht von vierundzwanzig Furtbereitern, so die Übersetzung des Wortes Tīrthaṅkara, aus, deren Lebensspanne im Lauf ihres historischen Erscheinens immer kürzer wurde, bis schließlich der Letzte, Mahāvīra, ein ganz normal langes Leben führte. Auch wenn die Zurückführung des Jainismus bis in die graue Vorzeit oder das Goldene Zeitalter eher legendarischen Charakter hat, so zeigen sich doch einige überraschende Übereinstimmungen zwischen dem Jainismus und verschiedenen religiösen Ausdrucksformen der vorarischen Industalkultur von Harappā und Mohenjo Dāro, die bis in das dritte vorchristliche Jahrtausend zurückreichen. Sicher ist, dass der Jainismus in Indien das älteste nicht-vedische Religionssystem ist.

Die Idee des Nicht-Verletzens wurde im Jainismus sehr radikal umgesetzt, nicht nur, dass die Jains streng vegetarisch leben müssen, auch ist ihnen das Bestellen von Äckern verboten, da durch den Ackerbau unzählige kleine Lebewesen geschädigt werden. Jain-Mönche und -Nonnen tragen in der Regel ein Tuch vor dem Mund, um kein Tier versehentlich einzuatmen und zu verschlucken. Aus demselben Grund filtern sie ihr Trinkwasser und kehren mit einem kleinen Besen den Weg vor ihnen, um beim Auftreten nicht auf etwas Lebendiges zu treten. Die jainistische Begründung für diese äußerst radikal umgesetzte Anschauung des Nicht-Verletzens liegt in ihrer atomistischen Metaphysik, der zufolge alles Belebte und Unbelebte beseelt und vom Göttlichen durchdrungen ist. Jedes noch so kleine Element ist beseelt und belebt, weswegen es nicht verletzt werden darf.

Auch wenn der Buddhismus zunächst nicht von einer Beseelung alles Existierenden, insbesondere nicht von einer Beseelung der anorganischen Natur ausging, prägte die Doktrin des Nicht-Schädigens maßgeblich die buddhistische Ethik. Wie in der jainistischen und hinduistischen Tradition zielt der Gedanke des Nicht-Schädigens im Buddhismus auf alle Lebewesen, einschließlich der Natur. Nicht nur der Mensch, sondern auch Tiere und Pflanzen sollen nicht verletzt werden, wobei der Buddhismus im Gegensatz zum Jainismus zwischen Pflanzen und Tieren eine wesentlich schärfere Trennlinie zog, da er Pflanzen nicht als beseelte Wesen betrachtete.

Die metaphysische Begründung für das Gebot des Nicht-Schädigens stellt die Anschauung vom Bedingten Entstehen und die Lehre vom Nicht-Selbst dar. Weil nichts absolut in sich und aus sich ist, ist alles in dieser Welt mit allem verbunden. Jede Schädigung anderen Lebens stellt damit letztlich auch eine Verletzung des eigenen dar. Ethisch verwirklicht sich die Lehre vom Nicht-Schädigen durch ihr positives Komplement, das grenzenlose Mitleid mit allen Wesen. Darüber hinaus spielt aber ein weiterer Faktor eine entscheidende Rolle in der Begründung von Ahiṃsā. Es ist der Karmagedanke und damit verbunden der Glaube an die Wiedergeburt. Unethisches Verhalten bewirkt demnach schlechtes Karma, das im nächsten Leben zu einer schlechten Wiedergeburt führt, im schlimmsten Fall in der Gattung von Lebewesen, die man geschädigt hat (Dhammapada 131). Unethisch zu sein bedeutet demnach nicht nur, die zu schädigen, die Opfer dieses Verhaltens sind, sondern auch sich selbst. Ethisches Verhalten führt zwar nicht unmittelbar zu Erlösung, da durch gutes Karma der Wiedergeburtskreislauf nicht durchbrochen werden kann – auch jedes gute Karma schafft und ist wiederum Karma, wenn eben auch gutes –, aber es ist die notwendige Grundlage auf dem Weg zur Befreiung. Ethik (śīla), Sammlung (samādhi) und Erkenntnis (prajñā), die man als dreifache Schulung bezeichnet, führen letztlich zum Heil.

Schutz der Natur

Sich der Schädigung von Pflanzen zu enthalten galt in erster Linie für die Ordensangehörigen, deren Regeln z.B. das Verbot enthielt, keine Bäume zu fällen. Laienanhängern war dies jedoch gestattet. Auch durfte ein Mönch den Boden nicht pflügen, um zu verhindern, dass Kleinstlebewesen geschädigt werden, eine Praxis, die ja besonders streng im Jainismus eingehalten wurde. Ein Grund, weswegen man das Schädigen von Pflanzen, insbesondere von Bäumen, zu vermeiden hatte, war der auch im Buddhismus verbreitete Glauben, dass diese Wohnorte von Geistern und Göttern seien. Zudem wollte man die Wohnstätten von in Pflanzen lebenden Tieren nicht zerstören. Eine zusätzliche metaphysische Begründung für den Schutz von Pflanzen bot die spätere buddhistische Tradition des Mahāyāna, das die Lehre von der universellen Buddhanatur entwickelte und diese auch auf Pflanzen ausdehnte. Da alles die Buddhanatur in sich trägt, soll nichts und niemand geschädigt werden.

Was aus dieser Haltung jedoch nicht abgeleitet werden darf, ist der Glaube, der Buddhismus, zumindest in seiner ursprünglichen

Form, würde die Welt und mit ihr die Natur prinzipiell als etwas Positives sehen. Alles, was existiert, ist aufgrund seiner Wandelbarkeit und Vergänglichkeit leidvoll und deswegen negativ. Diese nüchterne Analyse der Weltwirklichkeit sollte aber nicht zu Hass führen, da dieser als eine der drei Wurzeln des Bösen, neben der Unwissenheit und der Gier, nur zu einer immer tieferen Verstrickung in die Wandelwelt führt. Das einzige Heilmittel gegen diese leiderzeugende Verhaftung ist grenzenloses Mitleid, das sich in einer Haltung des Nicht-Schädigens manifestiert.

Dass die Doktrin des Nicht-Schädigens der Natur das Wirtschaften in buddhistischen Ländern stets bestimmt hätte oder heute bestimmt, ist jedoch ein Wunschgedanke, was aktuelle ökologische Probleme in Asien zeigen. Ein Grund für die Missachtung des Ahiṃsā-Gedankens in Bezug auf die Natur liegt wohl daran, dass zwischen dem Lebensziel der Mönche und der Laien eine nicht unerhebliche Kluft besteht. Strebt der Mönch in diesem Dasein zur Erleuchtung, so sehnen sich die meisten Laienanhänger nur nach einem angenehmen und guten Leben, das zu einer besseren Wiedergeburt in dieser Welt oder in einem der unzähligen buddhistischen Himmel führt. Das Verlangen, ein angenehmes Leben im Diesseits zu führen, trägt in der Regel aber maßgeblich – wie auch im Westen – dazu bei, das ökologische Gleichgewicht zu schädigen.

So haben z.B. ökonomische Interessen und das Bevölkerungswachstum in Thailand dazu geführt, dass von den 70 % Wald, der das Land 1945 bedeckte, 1989 gerade noch 15 % übrig geblieben sind. Pestizide, Fungizide, chemische Düngemittel etc. werden auch in vielen buddhistischen Ländern hemmungslos eingesetzt, um Ertragssteigerungen zu erzielen, unabhängig von ihren schädlichen Nebenwirkungen für Mensch und Natur. Schadstoffemissionen durch Fabriken und Fahrzeuge gelangen meist ungefiltert in die Luft. Die Klärung von verunreinigtem Wasser der Industrie oder der Privathaushalte ist vielerorts immer noch unbekannt. Gegen diese Entwicklungen macht sich jedoch seit einiger Zeit Widerstand bemerkbar, der von buddhistischen Mönchs- und Laiengruppen getragen wird. Sie versuchen die urbuddhistische Lehre des Nichtschädigens und des Mitleidens etc. aktiv für den Umweltschutz nutzbar zu machen. So betonte der thailändische Mönch Buddhadāsa immer wieder, dass eine von buddhistischen Prinzipien bestimmte Wirtschaftsordnung weder Umweltzerstörung noch soziale Ungerechtigkeiten akzeptieren könne, da diese Ausdruck von Hass, Gier und Verblendung seien. Buddhistisch ist es demnach, dafür zu sorgen, dass die Belange aller Berücksichtigung finden, jeder erhält, was er braucht und niemand nimmt mehr, als er benötigt. Wo dies verwirklicht wird, ist das Konzept des Nicht-Schädigens umgesetzt.

Tierschutz

Die Ahiṃsā-Idee des Nicht-Schädigens bezog und bezieht sich nicht nur auf das Verhältnis des Menschen zur Natur, sondern in besonderer Weise auf das zu Tier und Mensch. Immer wieder lehrte Buddha in seinen Reden, dass das Töten, Verletzen und Quälen von Tieren unheilvoll ist. Als er einmal bei einer seiner Wanderungen in einem Dorf auf eine Gruppe Jungen trifft, die eine Schlange quälen, verweist er darauf, dass alles Schädigen Leid erzeugt. Weil jeder Mensch sein eigenes Selbst liebt und keinen Schmerz erleiden möchte, deshalb soll man niemandem, auch keinem Tier, Schmerz zufügen. Zudem existierte die Angst vor der ›Rache‹ der Lebewesengattung, die man geschädigt hat; eine Furcht, die die Buddhisten gleichermaßen mit den Hindus oder Jains teilten.

Um zu verhindern, dass Kleinstlebewesen bei der Wanderschaft der Mönche und Nonnen während des Monsuns geschädigt würden, hielt Buddha seine Jünger an, während dieser Zeit nicht umherzuwandern, sondern das Regenretreat zu befolgen. Die Begründung Buddhas, weswegen der Mensch kein Wesen quälen soll, ähnelt jener, die Jesus in der Bergpredigt gab und als die Goldene Regel Berühmtheit erlangte: »Alles, was ihr von anderen erwartet, das tut auch ihnen« (Mt 7,12). Im buddhistischen Dhammapada heißt es: »Alle Wesen zittern vor der Gewalt, / Alle Wesen fürchten den Tod; / Sieh dich selbst in anderen, / Und töte nicht und verletze nicht.« (Dhammapada 129).

Dass der Buddhismus sich von Haus aus gegen die in der indischen Tradition gepflegten Tieropfer aussprach, liegt auf der Hand. Hintergrund dieser Ablehnung war zum einen die Ahiṃsā-Lehre, die sich im Mitleid mit allen Wesen äußerte, zum anderen die soteriologische Überzeugung, dass nicht das Opfer eines lebendigen Wesens zum Heil führt, sondern nur das des eigenen Ego. Ob diese Ethisierung des Opfergedankens, die sich auch in vielen Schriften des Hinduismus, seien es die Upaniṣads oder Texte der Tradition, nachweisen lässt, auf den Einfluss des Jainismus und Buddhismus zurückzuführen ist und von dort den Hinduismus beeinflusste oder ob diese Lehre zur Zeit Buddhas innerhalb der indischen Asketenbewegung schon Allgemeingut war, lässt sich nicht eindeutig bestimmen.

Sicher ist, dass sich Buddha immer wieder gegen die in Indien verbreitete Praxis des Tieropfers wandte. Im Kūṭadanto-Sutta erläutert Buddha dem Priester Kūṭadanto das Wesen des rechten Opfers (Dīgha-Nikāya 1,127–149). Das vegetabile, aus Milch und Honig bestehende Opfer – Milch kann als Produkt der Kuh auch von einem Brahmanen als adäquater Opferersatz für die Kuh akzeptiert werden –, ist weit besser als die Tötung der Kuh. Auf Nachfrage des Priesters, der wissen will, ob es nicht noch ein besseres, weniger mühsames und gewinnbringenderes Opfer als das vegetabile gäbe, betont Buddha, dass dies durch die Unterstützung der buddhistischen Mönche möglich sei. Noch gewinnbringender als die Unterstützung des Saṅgha ist es jedoch, den Weg der Entsagung selbst zu gehen und noch besser als dieses Opfer ist es, selbst Erleuchtung zu erlangen. Aus diesem Grund ist es einsichtig, weswegen das Tieropfer sinnlos ist.

Wie verhält es sich aber mit Tieren, die keinen so positiven Status wie Haus- und Nutztiere haben? Erstreckt sich das Gebot des Nicht-Schädigens tatsächlich auf alle Lebewesen, auch auf solche, die der Mensch tendenziell als Schädlinge empfindet? Die Antwort ist hier sehr eindeutig: auch Schädlinge sind Lebewesen und sollen deshalb nicht zerstört oder gequält werden. Die Zuschreibung der Kategorie Schädling ist zudem eine menschliche Perspektive. Der Buddhismus entwickelte im Umgang mit Schädlingen zwei Strategien. Zunächst gilt, dass kein Lebewesen, eben auch kein Schädling, getötet werden darf. Da diese Haltung aber zu echten Problemen für den Menschen führen kann, weil durch einen Schädlingsbefall z.B. eine ganze Ernte vernichtet werden kann, womit seine Lebensgrundlage vernichtet wäre, erlaubten die meisten Traditionen ihre Bekämpfung. Solange es praktikabel ist, sollen die Tiere jedoch nicht getötet werden, sondern z.B. durch Einsammeln und das Verbringen an einen anderen Ort ›gerettet werden‹, wo dies nicht möglich ist, entweder weil es zu viele sind oder weil sie zu klein sind oder weil ihr Überleben katastrophale Folgen hätte, dürfen die Tiere getötet werden. Wesentlich ist, dass dies nicht aus einer geistigen Gesinnung von Hass geschieht.

Ein Aspekt im Umgang mit anderen Lebewesen, der zur Zeit Buddhas noch nicht relevant war, heute jedoch eine große ethische Herausforderung darstellt, ist die Frage nach der Zulässigkeit von Tierversuchen. Sind Tierversuche mit dem Gedanken von ahiṃsā vereinbar? Der buddhistische Kanon kann zur Klärung dieser Frage natürlich nichts Konkretes beitragen, doch der Grundtenor ist bekannt: keinem Wesen soll Leid zugefügt werden. Einig sind sich heute mehr oder weniger alle buddhistischen Gruppierungen darin, dass Tierversuche zu kosmetischen Zwecken zu unterbleiben haben. Anders sieht es bei der Frage nach der Zulässigkeit von medizinisch unvermeidbaren Tierversuchen aus, denn dieselben generell zu verbieten würde bedeuten, gegen das Gebot des Mitleids zu verstoßen, kranken, leidenden Menschen zu helfen. Die konkrete Haltung vieler buddhistischer

Richtungen besteht darin, darauf zu achten, dass so wenig Tiere wie möglich geschädigt werden, wo dies aber unvermeidlich ist, soll dies aus einer Gesinnung der Verbundenheit mit allen Wesen geschehen. Bekannte Versuche und ihre daraus resultierenden Ergebnisse sollen z.B. nicht wiederholt, sondern weiterverwendet werden. Wenn es möglich ist, wird z.B. darauf geachtet, Tiere nach dem Versuch nicht zu töten, sondern wieder freizulassen. Die Handlungsmaxime bezüglich Tierversuchen kann auf folgenden Nenner gebracht werden: so wenig Leid wie möglich zu verursachen.

Die Tatsache, dass der Buddhismus von Haus aus Tiere unter das Gebot des Nicht-Schädigens stellt, darf aber nicht darüber hinwegtäuschen, dass der Umgang mit diesen in vielen buddhistischen Ländern nicht generell vom Gedanken des Mitleids und Nicht-Verletzens geprägt ist, Massentierhaltung etc. sind auch dort mittlerweite weit verbreitet. Der Umgang mit Tieren ist von einer ähnlichen Diskrepanz geprägt wie im Westen. Während auf der einen Seite verschiedene Tiergattungen oder Tiere aufgrund einer bestimmten Funktion verehrt, geliebt und geschützt werden, erfahren viele andere von dieser positiven Haltung nur wenig.

Ein eindrucksvolles Zeugnis des Versuchs der Umsetzung der Doktrin des Nicht-Schädigens bietet die Regierungszeit Kaiser Aśokas im 3. Jh. v. Chr. in Indien. Aśoka versuchte, nachdem er zum Buddhismus konvertiert war und sein bisheriges gewaltsames Tun als Kriegsherr, dem Zigtausende Menschen zum Opfer fielen, bereute, seinen Staat entsprechend der buddhistischen Ethik zu gestalten. Durch Edikte, die er in Stein meißeln und im gesamten Reich aufstellen ließ, informierte er seine Untertanen darüber, was eine buddhistische Lebensführung impliziert. Um allen Wesen beizustehen, errichtete er nicht nur Hospitäler für Menschen, sondern auch Tierkliniken. Zudem ließ er seine Untertanen wissen, dass er auf die am Kaiserhof üblichen Tieropfer und auf tierische Speisen verzichten würde, sowie auf die Jagd, eines der beliebtesten Freizeitvergnügen indischer Herrscher.

An 65 festgelegten Tagen im Jahr war das Schlachten verboten, und auch die Kastration von Tieren war an bestimmten Tagen untersagt. Gewisse Jungtiere durften, solange sie noch gesäugt wurden, überhaupt nicht getötet werden. Immer wieder ermahnte er seine Untertanen, das Gebot des Nicht-Schädigens zu befolgen und zwar nicht nur gegenüber Lebewesen, sondern auch gegenüber Pflanzen. Deswegen erließ Aśoka auch ein Gesetz, das das grundlose Abbrennen von Wäldern untersagte.

Vegetarismus

Mit dem Gebot des Nicht-Verletzens war innerhalb der buddhistischen Tradition der Vegetarismus nicht zwangsläufig verbunden. Dies unterscheidet den Buddhismus vom Jainismus, der aus der Ahiṃsā-Lehre das strenge Verbot des Fleischverzehrs ableitete und den Buddhismus ob seiner laxeren Haltung in dieser Frage immer wieder attackierte. Die buddhistische Tradition kannte und kennt bis heute keine einheitliche Haltung zum Fleischverzehr. Während die mahāyānistische Richtung, besonders in China, Korea und Japan, diesen ablehnte und zum Teil noch heute ablehnt, wobei sich der religiös motivierte Vegetarismus in Japan seit dem 19. Jh. eher auf dem Rückzug befindet, war und ist der Fleischgenuss im Hīnayāna-Buddhismus verbreiteter. Die Haltung zum Vegetarismus ist aber nicht nur schulspezifisch, sondern auch geographisch bedingt. In Ländern mit eher unwirtlichen Lebensbedingungen, wie z.B. Tibet oder der Mongolei, ist eine fleischlose Lebensweise kaum möglich.

Einer der Gründe, weswegen im Hīnayāna-Buddhismus der Vegetarismus nicht so sehr im Vordergrund stand, war die Lebensweise der Mönche, die ihre Nahrung ausschließlich durch Betteln erwarben. Der Mönch musste essen, was ihm in die Bettelschale gelegt wurde, auch wenn es Fleisch war. Diese Vorgabe hatte aber nicht nur einen überlebenssichernden Hintergrund, sondern auch einen asketischen, so seltsam dies anmutet. Indem der Mönch gezwungen war, alles anzunehmen, was in seine Schale gelegt wurde, konnten bestehende Vorlieben oder Abneigungen für oder gegen bestimmte Speisen nicht ausgelebt werden. Der Mönch hätte sogar den leprösen Finger des Gebers, so er in die Schale gefallen wäre, zu nehmen gehabt.

Lediglich wenn er wusste, dass ein Tier eigens für ihn getötet worden war, musste er die Annahme des Fleisches verweigern. Dies konnte z.B. der Fall sein, wenn Mönche von Laienanhängern eingeladen wurden und diese meinten, aufgrund des ehrenvollen Besuches etwas Besonderes auftischen zu müssen. Das Töten eines Tieres für einen Mönch erklärte Buddha zu einem der übelsten Vergehen, zum einen weil ein Tier Schmerz und Qual während der Schlachtung erleidet und zum zweiten, weil es eine den Mönchen nicht angemessene Behandlung ist, sie mit Fleisch zu bewirten. Nahm ein Mönch Fleisch an, dann mussten drei Kriterien erfüllt sein. Er durfte weder sehen, hören, noch den Verdacht haben, dass das Tier für ihn getötet wurde.

Auf dieses Kriterium greifen viele buddhistische Laien zur Rechtfertigung des Fleischverzehrs zurück, wenn sie betonen, das Fleisch, das sie kaufen, sei ja nicht eigens für sie geschlachtet worden. Dieses Argument wird jedoch schon in einem der bedeutendsten mahāyānistischen Texte, dem Laṅkāvatāra-Sūtra (252,15 ff.) widerlegt. Dort heißt es, wenn niemand Fleisch verlangen würde, müsste kein Tier getötet werden. D.h., der Wunsch nach Fleisch ist der Grund für das Schlachten, weswegen der, der Fleisch isst, auch verantwortlich für den Tod des Tiers ist. Ob es nun für ihn persönlich geschlachtet wurde oder nicht, ist dabei unerheblich.

Das monastische Leben der mahāyānistischen Mönche und Nonnen ermöglichte es diesen hingegen sehr viel eher, eine vegetarische Ernährung zu praktizieren, da sie meist nicht mehr vom Betteln lebten, sondern sich in ihren Klöstern selbst versorgten. So waren es vor allem Texte aus der mahāyānistischen Tradition, die den Vegetarismus zur Norm erhoben und sich zum Teil gezielt gegen die pāli-buddhistischen Lehren wandten, die den Fleischverzehr für Mönche erlaubten. Der Vegetarismus und das Gebot des Nicht-Schädigens erfuhren im Mahāyāna-Buddhismus zudem weitere metaphysische Begründung. In der mahāyānistischen Theologie entwickelte sich im Lauf der Zeit die Lehre vom Buddhakeim oder der Buddhanatur, die jedem Menschen inhärent ist. Diese bezeichnete man als Tathāgatagarbha. Zwar sind sich die Wesen im Zustand der Nicht-Erleuchtung dieser nicht bewusst, dennoch ist sie aber immer existent. Wenn nun alle Wesen diese Buddhanatur in sich tragen, ist es mehr als verständlich, keines dieser Wesen zu töten. Darüber hinaus trug die Lehre des Bedingten Entstehens, pratītyasamutpāda genannt, die schon im Pāli-Buddhismus thematisiert und im Mahāyāna-Buddhismus ausgeweitet wurde, wesentlich zur Durchsetzung des Vegetarismus bei. Wenn alles mit allem untrennbar verbunden ist, nichts aus sich besteht, dann ist das Leid der Anderen letztlich das eigene Leid, weshalb niemandem und nichts Leid zugefügt werden soll.

Die buddhistischen Laienanhänger befolgten und befolgen den Vegetarismus bei weitem nicht so streng wie die Mönche und Nonnen, wobei dies nach Ländern und Epochen zum Teil erheblich variiert(e). Dennoch gilt auch für die Laien die Tötung eines Lebewesens als moralisch schlechte Tat, was dazu führte, dass der Beruf des Metzgers von Buddhisten in der Regel nicht ausgeübt wird, sondern meist von Angehörigen nicht-buddhistischer Glaubensgemeinschaften. Neben Metzger galten auch Vogelfänger, Fallensteller, Jäger, Henker, Soldat und Kerkermeister als Berufe, die ein Buddhist zu meiden hatte, da sie maßgeblich mit der Schädigung von Lebewesen verbunden waren.

Wo sich das Töten von Lebewesen zur Existenzsicherung nicht vermeiden ließ oder lässt, wurden einige Methoden entwickelt, um die Schwere der Schuld zu reduzieren bzw. zu beseitigen. So bildete sich z.B. bei Fischern, die die Tötung von Lebewesen nicht delegieren können, zum Teil die Unsitte aus, Fische nach dem Fang an Land ersticken zu lassen. Man glaubt, dass man so nicht schuld am Tod des Tieres ist, da der Fisch nicht durch Menschenhand, sondern ›von alleine‹ stirbt. Dass diese Tötungsart grausamer ist und gegen den Gedanken des Mitleids, eine der buddhistischen Grundtugenden, verstößt, wird hierbei ebenso übersehen wie die Tatsache, dass Schuld nicht ausschließlich durch das Resultat einer Handlung bedingt ist, sondern auch durch ihre Intention. Nicht nur die ausgeführte Tat, sondern schon die Tatabsicht (cetanā; saṃskāra), also die Absicht zählt.

Eine andere Strategie der Schuldverminderung zielte darauf, die Tat so selten wie möglich auszuführen. Wenn, wie z.B. in Tibet, das Töten eines Tieres zum eigenen Überleben unverzichtbar ist, so wird dort eher ein großes Tier getötet, mit dem man lange Zeit Nahrung hat. Eine andere Variante geht genau in die andere Richtung, dort wird der Leidverminderungsfaktor darin gesehen, gerade kein großes Tier zu töten, sondern lieber öfters ein kleines. Besonders beliebt ist daher Fisch, da Fische als weniger empfindsam als Säugetiere gelten. Ein weiterer Versuch, die karmische Schuld, die man durch die Tötung von Lebewesen auf sich lädt, wieder zu beseitigen, besteht darin, das ›karmische Negativ-Konto‹ durch gute Taten auf der anderen Seite wieder auszugleichen, indem man z.B. den Orden unterstützt, Almosen gibt oder Reinigungszeremonien etc. ausführt. Die Alibifunktion und auch Absurdität letzterer wird deutlich, wenn z.B. auf japanischen Fischtrailern, die eine spezialisierte, kommerzialisierte und zum Teil brutale Fischerei betreiben, nach dem Fang eine solche Reinigungszeremonie durchgeführt wird, die der Versöhnung mit den getöteten Tieren dienen soll.

Nicht-Schädigen im Umgang mit dem Mitmenschen

Ein letzter Blick gilt nun der Umsetzung der Ahiṃsā-Idee im Hinblick auf den Menschen. Wie in allen Religionen galt und gilt im Buddhismus das Töten als etwas äußerst Verwerfliches, auch wenn in der Geschichte des Buddhismus nicht wenige mit diesem Tötungsverbot ein Problem hatten. Was Buddhas Tötungsverbot von dem der jüdischen Tradition, wie es in den Zehn Geboten überliefert wurde, unterschied, war seine Radikalität. Das frühe Judentum und mit ihm die spätere christliche und islamische Tradition kannten etliche Ausnahmen, die eine Tötung nicht nur zuließen, sondern geradezu zum göttlichen Gebot erklärten, während Buddha weder die Todesstrafe noch das ius talionis oder das Töten im Krieg akzeptierte. Mitleid mit allen Wesen und Respekt vor dem Leben der anderen bestimmt die buddhistische Ethik in ihren Grundzügen.

Grundlegend für die radikale Betonung des Gewaltverzichts ist die Einsicht, dass Gewalt eben stets Gegengewalt erzeugt. Nur das Ablassen von Gewalt und Vergeltung führt dauerhaft zur Gewaltlosigkeit. Besonders eindrücklich verdeutlicht dies die Geschichte des Königs Leidelang, der von König Brahmadatta aus seinem Reich vertrieben wurde und sich daraufhin mit seiner Frau in Brahmadattas Hauptstadt versteckte, wo ihm ein Sohn geboren wurde, den er Lebelang nannte. Nach einigen Jahren wurde er von einem einstigen Diener erkannt und verraten, worauf Brahmadatta ihn und seine Frau durch die Stadt schleppen ließ, um sie vor den Toren zu töten. Unterwegs begegnete Leidelang noch seinem Sohn, dem er den Rat gab: »Sieh nicht zu weit und nicht zu nah.« Nach dem Tod der Eltern sann der Sohn auf Rache. Um sie verwirklichen zu können, heuerte er unerkannt bei König Brahmadatta an, wo er im Lauf der Jahre das Vertrauen des Königs gewann. Bei einem Jagdausflug, als der König im Schoß des auf Rache Sinnenden einschlief, stieg in Lebelang dreimal der Wusch auf, ihn zu töten, doch jedes Mal erinnerte er sich der Worte seines Vaters. König Brahmadatta, durch einen Traum aufgeschreckt, in dem er sieht, wie Lebelang ihn töten will, stellt diesen zur Rede. Lebelang gibt sich ihm zu erkennen, worauf der König vor ihm auf die Knie fällt und um sein Leben bittet. Doch Lebelang erwidert diesem, wie dies möglich sein soll, da doch der König ihm das Leben schenken müsste. Daraufhin schenken sie sich beide das Leben und Lebelang erklärt ihm die Worte seines Vaters. »Sieh nicht zu nah« bedeutet, Feindschaften nicht zu lange dauern zu lassen, »Sieh nicht zu kurz« bedeutet, Freundschaften nicht zu schnell zu beenden. Feindschaft kann nie durch Feindschaft überwunden werden, da die Tötung des Feindes neue Rache durch dessen Angehörige nach sich ziehen würde. Brahmadatta ist so tief bewegt, dass er Lebelang nicht nur all seinen Besitz zurückgibt, sondern ihm auch noch seine Tochter zur Frau.

In der mahāyānistischen Tradition wurde das Tötungsverbot stellenweise so weit ausgedehnt, dass bereits die Selbstverteidigung zum Schutz des eigenen Lebens als Unrecht betrachtet wurde, da die Verteidigung des eigenen Lebens durch Tötung eines anderen als Ausdruck von Gier gesehen wurde. Dies galt auch für den Fall, dass das Leben eines Dritten bedroht war. Spätere mahāyānistische Schulen akzeptierten jedoch die Tötung eines Angreifers, um das Leben anderer zu retten. Interessanterweise wurde diese Legitimation nicht damit begründet, dass unschuldige Leben gerettet werden, sondern dass der Angreifer so von seiner unheilvollen Tat abgehalten wird, die ihm ansonsten eine Wiedergeburt in der Hölle bescheren würde. Auch wurde die Tötung eines Aggressors, der den Buddhismus als Religion auszulöschen gedachte, so gerechtfertigt. Unabhängig von diesen späteren Erweiterungen war und ist das Gebot des Nicht-Tötens immer einer der Zentralgedanken der buddhistischen Ethik, der für Mönche gleichermaßen wie für Laienanhänger galt und gilt.

Nachdem der Buddhismus Tötung von Leben insgesamt ablehnt, ist es nicht weiter verwunderlich, dass z.B. Abtreibung oder Selbstmord für unheilvoll betrachtet werden, da in beiden Fällen Leben vernichtet wird. Abtreibung gilt immer als Tötung von Leben, egal ob der Fötus fünf Tage alt ist oder drei Monate, da im Moment der Zeugung Leben beginnt. Dennoch wird in vielen buddhistischen Ländern die Schwere der Abtreibung danach bewertet, wie alt der Fötus ist. Auch wird bei einer ernsthaften Gefährdung des Lebens der Mutter eine Abtreibung akzeptiert. Ob die Tötung sich auf eigenes oder auf fremdes Leben bezieht, ist für die Bewertung der Tat irrelevant, da sie immer unter dem Aspekt von Karma gesehen wird. Dies betrifft eben auch den Selbstmord. Anders als in der christlichen Tradition, wo Selbstmord mit der Begründung abgelehnt wird, der Mensch habe kein Recht, sein Leben eigenmächtig zu beenden, da es von Gott geschenkt ist, steht im Buddhismus ausschließlich der Aspekt des Schädigens im Vordergrund, das karmisch negative Folgen hat und deswegen unterbleiben soll. Aus diesem Grund kritisierte Buddha aber auch nicht das Verhalten eines erleuchteten Mönches, der unheilbar krank war und deswegen Selbstmord begangen hatte. Dieser Mönch hatte zuvor schon jegliche karmische Saat aufgebraucht, so dass er sich durch den eigenen Selbstmord karmisch nicht mehr schädigen konnte.

Krieg und Frieden

Wie eine Gemeinschaft, sei sie religiöser oder säkularer Natur, zur Gewalt steht, zeigt sich in besonderer Weise an ihrem Verhältnis zum Krieg. Nachdem Buddha Gewalt prinzipiell ablehnte, ist es einsichtig, dass er auch kriegerische Auseinandersetzungen negativ beurteilte. Buddha selbst betätigte sich in seinem Leben mehrmals mit unterschiedlichem Erfolg als Friedensstifter. Stets verwies er auf das unendliche Leid, das durch einen Krieg entsteht und forderte deshalb zum Gewaltverzicht auf, gegebenenfalls auch zu einem einseitigen, der zwar den Verlust des Reiches, aber das Leben vieler bedeuten kann. Der Gedanke, besser als freier Mann zu sterben als unter einer Fremdherrschaft zu leben, war Buddha gänzlich fremd. Die Freiheit, um die es ihm ging, war nicht nationalstaatlicher und ethnischer, sondern geistiger Natur. Diesem Gedanken fühlten sich die verschiedenen buddhistischen Schulen in der Regel auch verpflichtet. Welche

Konsequenzen eine solche Haltung mit sich bringen kann, erfuhr nicht nur das Geschlecht der Śākyas, aus dem Buddha stammte, das seinem Rat gemäß auf eine Verteidigung des Reiches verzichtete und von den angreifenden Feinden völlig ausgerottet wurde, sondern der indische Buddhismus insgesamt.

Vermutlich war es dieser bedingungslose Gewaltverzicht buddhistischer Mönche und Nonnen, die sich nicht gegen die im 11. Jh. eindringenden muslimischen Turkstämme zur Wehr setzten, der zur Vertreibung und Auslöschung des Buddhismus in seinem Heimatland Indien führte. Der spirituelle Motor für diese radikal befolgte Gewaltlosigkeit gründete in der Einsicht, dass Hass, der mit Hass, Gewalt, die mit Gewalt beantwortet wird, nur zu neuem Hass und zu neuer Gewalt führen; die Spirale der Gewalt also nie zur Ruhe kommt. Dass diese Art zu antworten den Verlust des eigenen Lebens bedeuten kann, darauf wurde gerade hingewiesen. Dennoch ist die einzig adäquate Antwort auf Hass und Gewalt Liebe und Verzeihen. »Noch nie in dieser Welt / Hat Haß gestillt den Haß. / Nur liebende Güte stillt den Haß. / Dies ist ein ewiges Gesetz.« (Dhammapada 5). Buddha vergleicht einen Menschen, der Hass auf einen anderen entwickelt, mit jemandem, der mit bloßer Hand eine glühende Kohle auf einen anderen werfen möchte. Sicher ist, dass er, bevor er den anderen verletzt, sich selbst durch das Anfassen der glühenden Kohle heftige Schmerzen zufügt.

Auch wenn Buddha Gewalt strikt ablehnte, heißt dies nicht, dass es in der buddhistischen Tradition keine Kriege gegeben hätte. Bei den zwischen Birma und Thailand immer wieder ausgefochtenen Kriegen zerstörten die Birmesen 1767 nicht nur die Hauptstadt des Siamreiches, Ayutthya, sondern auch alle buddhistischen Heiligtümer, obwohl beide Völker Buddhisten waren. Erbitterte Kriege fanden aber auch zwischen den Thai und den Laoten und den Khmer statt. Nicht selten siegten in den verschiedenen buddhistischen Staaten machtpolitische Interessen über Buddhas Lehre vom Gewaltverzicht. Oftmals wurden diese religiös verbrämt und mit bestimmten Theoremen, wie z.B. der vom kommenden Weltenherrscher, dem Cakravartin, verbunden, um sie zu rechtfertigen. Mancher König verstand sich als dieser zukünftige Weltenherrscher, der nach buddhistischer Mythologie dazu berufen ist, einst die ganze Welt mit seinem Heer unblutig durch kampflose Unterwerfung der anderen Herrscher zu erobern. Mit der unblutigen Eroberung nahm man es jedoch nicht immer ganz so genau.

Vom 10. bis zum 16. Jh. war Japan geradezu durch eine Militarisierung des Buddhismus gekennzeichnet. Viele Klöster hatten eigene Armeen, nicht nur um ihre Ländereien zu schützen, sondern auch um sich die der anderen einzuverleiben. Im 20. Jh. trat noch einmal eine sehr kriegerische Seite des japanischen Buddhismus in Erscheinung, als der Zen-Buddhismus sich aufs Engste mit dem japanischen Nationalismus und Militarismus verband. Und in Sri Lanka diente und dient der Buddhismus militanten Singhalesen zur Rechtfertigung der Verfolgung der tamilischen Minderheit im Lande. Einer der Gründe zur Rechtfertigung des Kampfes lautet, dass die tamilischen Herrscher, die um die Zeitenwende nach Sri Lanka eindrangen, den Buddhismus ausrotten wollten. Auch war der Umgang der einzelnen buddhistischen Schulen miteinander nicht immer vom Geiste des Friedens erfüllt, wie die Geschichte des tibetischen Buddhismus zeigt. Dort kam es immer wieder zu erbitterten Kämpfen zwischen den Schulen und zu Verfolgungen von Minderheiten.

Die Verbreitung des Buddhismus geschah jedoch in der Regel, anders als im Christentum und im Islam, auf relativ gewaltlose Art und Weise. Eine Ausnahme stellt die Missionierung der Mongolei dar, wo die tibetischen Missionare, die auf Einladung des mongolischen Herrschers zur Verbreitung des Buddhismus ins Land kamen, gegen die dort ansässigen Schamanen sehr rigoros vorgingen. Die mongolische Bevölkerung wurde allerdings nicht gewaltsam zum neuen Glauben gezwungen, sondern durch staatliche Belohnungen mehr oder weniger geködert. Buddha selbst hielt seine Anhänger stets dazu an, sich den Sitten, Sprachen und Gebräuchen derer anzupassen, zu denen sie kämen, und das Wertvolle und Gute in das eigene System zu integrieren. Der Buddhismus war und ist von seinem Selbstverständnis stets eine synkretistische Religion. Deswegen konnte er sich auch so schnell verbreiten.

In Teilen des zeitgenössischen Buddhismus, besonders im engagierten Buddhismus, fühlt man sich, was das Verhältnis zur Gewalt anbelangt, wieder der Lehre Buddhas verpflichtet. Die urbuddhistische Anschauung, dass Hass nur Hass und Gewalt nur Gewalt hervorrufen, wird in jüngerer Zeit von verschiedenen Mönchen und Nonnen sowie Laienanhängern und -anhängerinnen betont, die sich in der Friedensarbeit engagieren. So versucht der kambodschanische Mönch Mahā Gosanānda das durch die Schreckensherrschaft der Roten Khmer bis heute noch nicht befriedete Land im Innersten zu versöhnen. Immer wieder betont er, dass es keinen echten gesellschaftlichen Frieden, keinen Frieden zwischen den Völkern geben kann, solange die Wurzeln des Hasses im eigenen Wesen nicht ausgelöscht sind. Der Hass im eigenen Inneren ist die Wurzel für alle Konflikte.

Friedensarbeit heißt daher, zunächst bei sich selbst zu beginnen, auch wenn die anderen nicht daran denken, Ähnliches zu tun. Wer sich nicht befriedet, kann mit seiner Umwelt nicht in Frieden leben, denn nur wer die Wurzeln des Hasses in sich ausgerottet hat, kann den Hass der anderen ertragen. Was dies konkret für jemanden bedeutet, der im gleichen Dorf mit einem Menschen lebt, der die eigene Familie bestialisch ermordet hat, ist kaum vorstellbar. Friede hat aber nur durch das Ablassen vom Vergeltungsgedanken eine Chance. Dies bedeutet im Umkehrschluss jedoch nicht, dass man die Verantwortlichen nicht für ihre Taten zur Rechenschaft ziehen dürfte, doch hat dies eben unter humanen und rechtsstaatlichen Methoden zu erfolgen. Gerade aus buddhistischer Warte muss ein Mensch auf sein Fehlverhalten aufmerksam gemacht werden, denn nur wer sein

Fehlverhalten erkennt, kann sich ändern. Nur so wird verhindert, dass man immer weiter schlechtes Karma ansammelt.

In sich selbst Frieden zu bewirken, ist ein äußerst mühevoller Weg, da Hass und Gewalt tief im menschlichen Geist eingegraben sind. Um diese karmischen Spuren zu beseitigen, die ja nicht nur das Ergebnis eines Lebens, sondern vieler Leben sind, bedarf es einer eigenen Methode, und das ist die Meditation. In der Meditation und durch sie wird der Geist Schritt für Schritt beruhigt und klar. Meditation wurzelt nicht in einer a-sozialen, solipsistischen Lebenseinstellung, sondern in der tiefen Erkenntnis, dass nur derjenige, der bildlich gesprochen das eigene Haus in Ordnung gebracht hat, zum Ordnungschaffen in der Welt beitragen kann. Und nur derjenige, der gelernt hat, seinen Geist und seine Emotionen zu kontrollieren, erträgt die Unfriedfertigkeit, Gemeinheit und Grausamkeit der anderen, die bewusst keinen Frieden wollen. Frieden stiften kann nur der, der nichts für sich erreichen möchte, der an nichts mehr haftet.

Buddha lehrte als eine Meditationsform, die den Menschen befähigen soll, das Gebot des Nicht-Schädigens zu verwirklichen, die so genannte Achtsamkeitsmeditation. Achtsamkeit heißt im Pāli sati. Sati ist die siebte Stufe des Achtfachen Pfades. Sie gehört zum Bereich der Kontemplation, womit die enge Verknüpfung von Spiritualität und Ethik im Buddhismus deutlich wird. Ethik ist nicht nur die Bedingung für ein spirituelles Leben, sondern wahres ethisches Leben kann nur durch ein spirituelles Leben erreicht werden. Die Verbindung beider Aspekte wird von Buddha im Gleichnis von den beiden Bambusrohrartisten dargelegt. Ein Bambusrohrartist, der seiner Gehilfin Medakathalikā rät, dass jeder den anderen schützen soll, erhält von ihr zur Antwort, dass jeder sich selbst schützen soll und damit letztlich den anderen schützt. So ist es auch mit der Achtsamkeitsübung. Durch die Meditation schützt man, sich selbst schützend, den anderen. Sich selbst schützt man im Schützen des anderen durch Geduld, Gewaltlosigkeit, Güte und Mitleid.

Im Mahāyāna-Buddhismus wird diese Verbindung zusätzlich durch die Vorstellung von der gemeinsamen Buddhanatur aller begründet. Nur wer die Verbundenheit aller mit allen erfahren hat, kann letztlich davon Abstand nehmen, andere Wesen zu schädigen, weil er weiß, dass die Schädigung anderer sein eigenes Sein im Innersten trifft. Und nur wer den inneren Frieden verwirklicht hat, hat Hass und Gewalt im eigenen Wesen besiegt; der bleibt inmitten streitender Menschen ruhig und inmitten kämpfender Menschen friedvoll, wie es im Dhammapada (406) heißt.

Mitempfinden: karuṇā

Ob seiner sehr radikalen Darstellung alles Welthaften als leidvoll und dem damit verbundenen streng asketisch-meditativen Weg zur Überwindung dieses Leides wurde dem Buddhismus immer wieder der Vorwurf gemacht, er sei eine solipsistische Religion, die den Aspekt des Mitempfindens völlig vernachlässige. Dass dem nicht so ist, zeigt ein Blick in die buddhistische Tradition. Das von Mitempfinden zu allen Wesen geprägte Verhalten Buddhas wird in vielen der so genannten Geburtsgeschichten, den Jātakas, die die unzähligen Geburten Buddhas vor seiner letzten als Siddhārtha Gautama zum Gegenstand haben, thematisiert. Oft erscheint Buddha dort in Form eines Tieres, das Tieren oder Menschen etwas Gutes tut. Aber auch als Mensch beweist er grenzenloses Mitleid mit anderen Lebewesen. So bietet sich Buddha in einer der Erzählungen einer Tigerin, die am Verhungern ist, als Nahrung an, damit diese ihre Jungen füttern kann. In einer anderen Geschichte pflegt er eine von seinem Cousin Devadatta mutwillig verletzte Gans.

Die Tatsache, dass der Buddhismus davon ausgeht, dass nichts in dieser Welt an sich und für sich, sondern alles nicht-selbst ist, impliziert gerade nicht, dass der Mitmensch unbedeutend wäre. Als im Daseinsstrom ebenso Gefangener ist er von der gleichen Illusion des

Ansichseins seines Egos befallen wie man selbst und leidet deswegen. Dieses Leiden, das bedingt ist durch Nichterkenntnis, verbindet innerweltlich alle Wesen miteinander. Der Erleuchtete weiß, dass die Differenzierung zwischen Mein und Dein nur eine Illusion ist, weil in Wahrheit reine ungeteilte Wirklichkeit ist. Die Begründung für die Forderung nach Mitempfinden basiert im Buddhismus auf zwei Anschauungen: innerweltlich ist es die gemeinsame Leidenssituation aller Wesen und vom Standpunkt der Erleuchtung die Einsicht in die Ungeteiltheit des Seins. Das Leid des anderen ist immer auch das eigene Leid. So lehrt Buddha: wer in Worten, Werken und Taten einen schlechten Lebenswandel führt, liebt sein Selbst nicht, denn was immer man einem ungeliebten Wesen antut, tut man sich selbst an, so wie der, der anderen Gutes tut, sein Selbst liebt, weil das, was er den anderen tut, letztlich Gutes ist, das er sich selbst tut (Saṃyutta-Nikāya 3,1,4). Gutes soll nicht getan werden, um gutes Karma zu erwirken, das ist nur ein positiver Nebeneffekt, sondern weil der Nächste man selbst ist. Alle Wesen sind in Wahrheit ununterschieden. Nächsten- und Eigenliebe sind untrennbar miteinander verbunden. Buddhistisch gesehen gründet die jesuanische Forderung des ›Liebe deinen Nächsten wie dich selbst‹ darin, dass der Nächste man selbst ist.

Der hohe Stellenwert, der dem Mitempfinden im Buddhismus zukommt, zeigt sich auch darin, dass es zu den vier so genannten ›göttlichen Verweilzuständen‹ zählt. Neben dem Mitempfinden gehören noch Liebe, Gelassenheit und Mitfreude dazu. Diese zu erwecken und zu verwirklichen galt von Beginn an als ein hohes Ziel buddhistischer Spiritualität. Nur wer Mitleid, Mitfreude und Liebe zu allen Wesen entwickelt – die Betonung liegt auf allen, auch zu denen, die einen hassen –, geht den Weg Buddhas. Entscheidend ist hierbei, dass jede Form des Anhaftens aufgegeben werden muss. Liebe, Mitleid und Mitfreude, von denen hier gesprochen wird, stehen in engem Kontext zur Metaphysik und Spiritualität. Zur Verdeutlichung dessen sei hier auf die Geschichte von Buddha und der Laienanhängerin Visākhā verwiesen.

Die Laienanhängerin Visākhā kommt eines Tages von Schmerz über den Tod ihrer geliebten Enkelin überwältigt, zu Buddha und schildert ihm ihre Situation. Buddha will daraufhin wissen, ob sie gerne so viele Enkel und Enkelinnen wie Einwohner ihres Dorfes hätte. Als Visākhā dies bejaht, fragt er sie, wie viele Menschen dort täglich sterben. Mindestens jeden Tag einer, wenn nicht sogar zehn, lautet ihre Antwort. Als Buddha ihr die Frage stellt, ob sie angesichts dieser Unvermeidbarkeit des Todes auch mit vielen Enkeln jemals ohne Trauer sein könnte, muss sie dies verneinen. Schließlich erklärt ihr Buddha, dass jeder, der sein Herz an etwas Vergängliches hängt, leiden muss, da alles, was entsteht, auch wieder vergeht. »Die da hundert geliebte Wesen haben, die haben hundert Leiden … die ein geliebtes Wesen haben, die haben ein Leiden; die nichts Liebes haben, die haben kein Leiden.« (Udāna 8,8).

Stellen wie diese wurden oftmals als Beweis für die offensichtliche Mitleidlosigkeit des Buddhismus herangezogen. Dieser Vorwurf zielt jedoch völlig an der Intention Buddhas vorbei, denn seine Worte im Angesicht der Leidenserfahrung sind nicht Ausdruck von fehlendem Mitgefühl, sondern sie weisen den Weg aus dieser Leidenserfahrung, die untrennbar mit dem menschlichen Dasein verknüpft ist. Wer dem Geborensein nicht entgangen ist, entgeht auch dem Sterben nicht. Jeder Trost, der den Menschen weiter in den Banden des Leidens gefangen hält, weil er nicht zeigt, dass es im Wandelbaren nichts Absolutes und Unvergängliches geben kann, ist aus buddhistischer Sicht kein Trost, sondern Hartherzigkeit, da dem Menschen so der Weg zum Heil versperrt ist. Ein Trost, der das Leiden nur verlängert, anstatt es zu beseitigen, gilt nicht als Tröstung. Eine Ansicht, die sich auch in der christlichen Tradition finden lässt. Meister Eckharts Rat an Königin Agnes nach dem Verlust des Vaters und Gatten lautete ganz ähnlich wie der des Buddha (Meister Eckhart, DW V, 17,9–14).

Solange der Mensch in der Veränderlichkeit lebt und sich mit ihr identifiziert, ist er von den Resultaten dieser Veränderlichkeit betroffen. Nur wer den Lauf der Welt erkennt, kann sich innerlich davon befreien und so dem Leid entkommen. Mitleid heißt für Buddha, den Menschen den Weg der Befreiung aus dem Kreislauf des Daseins und des Leidens zu zeigen. Es mag zwar für eine gewisse Zeit durchaus hilfreich sein, einem Menschen in einer akuten Leidenssituation wie der Trauer trostreiche Worte zu spenden und sich seiner anzunehmen, doch die Ursache des Leidens ist damit nicht beseitigt. Und gerade darum geht es Buddha. Er will nicht für kurze Zeit trösten, sondern den Grund des Leids beseitigen. Es geht ihm nicht um die Therapie von Symptomen, sondern um die Beseitigung ihrer Ursache.

Wer anderen helfen will, muss aber selbst mit sich im Reinen sein, seinen Geist geläutert haben, denn nur ein Sehender kann einen Blinden führen oder wie Buddha es lehrt, nur wer nicht im Sumpf steckt, kann einen anderen aus dem Sumpf ziehen. Eine Methode, selbst Klarheit zu erlangen und die Leidhaftigkeit zu durchschauen, ist die Meditation. Da der meditative Weg sehr viel Aufmerksamkeit und Konzentration verlangt, kann es sinnvoll sein, sich aus weltlichen Belangen zurückzuziehen. Dies hat aber nichts mit Heilsegoismus zu tun, sondern eben mit der Einsicht, dass nur der anderen helfen kann, der selbst heil ist. Mitleid bedeutete gerade nicht, am Leid der anderen zu haften, sondern geistig und emotional frei zu sein, um den Weg aus der Unheilssituation zu weisen. Diese Freiheit hat jedoch nichts mit einer Gefühlskälte zu tun, wie dies oft unterstellt wird.

Ebenso verhält es sich mit der Liebe. Liebe, die anhaftet und besitzen will, kann nicht universell sein und allen Menschen gelten. Wahre Liebe zielt auf alle Wesen ohne Unterschied. Dies wird schon in den frühesten buddhistischen Texten immer wieder betont. In der kanonischen Literatur gibt es ein eigenes Sūtra zur Liebe, das sich noch heute in buddhistischen Ländern äußerster Wertschätzung erfreut. Es handelt sich um das so genannte Mettā-Sutta, das Sūtra von der grenzenlosen Güte oder Liebe.

Dies soll erwirken, wer des Heiles kundig
Und wer die Friedens-Stätte zu verstehen wünscht:
Stark soll er sein und aufrecht, aufrecht voll und ganz.
Zugänglich sei er, sanft und ohne Hochmut.

Genügsam sei er und sei leicht befriedigt,
Nicht viel geschäftig und bedürfnislos.
Die Sinne still, und klar sei der Verstand,
Nicht dreist, nicht gierig, geht er unter Menschen.

Auch nicht im Kleinsten soll er sich vergehen,
Wofür ihn andere, Verständige, tadeln möchten.
Sie mögen glücklich und voll Frieden sein,
Die Wesen alle! Glück erfüll' ihr Herz!

Was es an Lebewesen hier auch gibt,
Die schwachen und die starken, restlos alle;
Mit langgestrecktem Wuchs und groß an Körper,
Die mittelgroß und klein, die zart sind oder grob.

Die sichtbar sind und auch die unsichtbaren,
Die ferne weilen und die nah sind,
Entstanden und zum Dasein drängen, –
Die Wesen alle: Glück erfüll' ihr Herz!

Keiner soll den anderen hintergehen;
Weshalb auch immer, keinen möge man verachten!
Aus Ärger und aus feindlicher Gesinnung
Soll Übles man einander nimmer wünschen!

Wie eine Mutter ihren eigenen Sohn,
Ihr einziges Kind mit ihrem Leben schützt,
so möge man zu allen Lebewesen
Entfalten ohne Schranken seinen Geist!

Voll Güte zu der ganzen Welt
Entfalte ohne Schranken man den Geist:
Nach oben hin, nach unten, quer inmitten,
Von Herzens-Enge, Haß und Feindschaft frei!

Ob stehend, gehend, sitzend oder liegend,
Wie immer man von Schlaffheit frei,
Auf diese Achtsamkeit soll man sich gründen.
Als göttlich Weilen gilt dies schon hienieden.

In falscher Ansicht nicht befangen,
Ein Tugendhafter, dem Erkenntnis eignet,
Die Gier nach Lüsten hat er überwunden
Und geht nicht ein mehr in den Mutterschoß.

Sutta-Nipāta, Mettā-Sutta

Diese Liebe und dieses Mitgefühl gilt selbst dem schlimmsten Schurken. Nur wer nicht anhaftet, verfügt über die Fähigkeit, Mitempfinden mit denen zu haben, die einen schädigen. Gerade hier wird die spirituelle Komponente des Mitleidgedankens relevant. Sich die Glieder Stück für Stück durch einen Räuber und Mörder abschneiden zu lassen und dabei gütig und mitleidig, ohne Hass und in freundlicher Gesinnung gegen diesen zu bleiben, wie dies Buddha im Majjhima-Nikāya (1,166) fordert, verlangt schon ein Höchstmaß an geistiger Gelassenheit. Weil ohne Gelassenheit echtes Mitleid gar nicht möglich ist, deshalb zählt Gelassenheit auch zu den vier Verweilzuständen.

Sie beschreibt die Fähigkeit, von sich, seinem Tun, Denken und Fühlen Abstand zu nehmen. Grenzenlose Liebe, grenzenloses Mitgefühl und grenzenloses Mitleid sind nur dem möglich, der Gelassenheit verwirklicht hat. Echte Gelassenheit ist umgekehrt stets mit allumfassendem Mitleid, allumfassender Liebe und Mitfreude verbunden. In egoistischer Gleichgültigkeit die Welt um sich herum zu ignorieren, meint gerade nicht Gelassenheit, sondern Befangenheit im eigenen Ego.

Bodhisattva

Einer, der sich das grenzenlose Mitleid mit allen Wesen zur Lebensaufgabe gemacht hat, ist der Bodhisattva. Anders als im frühen Buddhismus, wo noch sehr stark der Gedanke der Erlösung durch das eigene Tun dominiert, tritt im Mahāyāna der Aspekt der Hilfestellung durch andere Wesen in den Vordergrund. Diese himmlischen oder irdischen Helfer auf dem Weg zum Heil bezeichnet man als Bodhisattvas. Im Gegensatz zum frühbuddhistischen Heiligen, dem Arhat oder Śrāvaka, verzichtet der Bodhisattva aus Mitleid mit allen Lebewesen auf den Eintritt ins Nirvāṇa, bis das letzte Wesen das Heil erlangt hat. Der Urbuddhismus unterschied drei Arten von Erlösten: den Arhat, der die Illusion des Egos durchschaut hat, ohne aber über ein allumfassendes Wissen zu verfügen, den Pratyekabuddha, der das Erleuchtungswissen hat, es aber nicht vermitteln kann und den Samyaksambuddha, der völlig erwacht ist und allwissend ist. Der Samyaksambuddha war wohl das Vorbild für die Konzeption des Bodhisattvas.

Die mahāyānistische Tradition unterscheidet zwei Arten von Bodhisattvas, die irdischen und die transzendenten. Der Weg der menschlichen Bodhisattvas zieht sich meist über mehrere Inkarnationen hin. Ausgangspunkt ist die Gerichtetheit der Gedanken auf die Erleuchtung. Dies bedeutet, selbst nach Erleuchtung zu streben und gleichzeitig alle Wesen zum Heil zu führen. Formell beginnt der Bodhisattvaweg mit dem Gelübde, alle Lebewesen retten zu wollen. Um diesen Weg gehen zu können, muss der Bodhisattva in sich zehn Vollkommenheiten verwirklichen: Opferbereitschaft/Barmherzigkeit (dāna), Sittlichkeit (śīla), Geduld (kṣānti), Energie (vīrya), Kontemplation (dhyāna), Weisheit (prajñā), die Geschicklichkeit, alle Wesen entsprechend ihrer Fähigkeiten zu belehren (upāya), Vorsatz (praṇidhāna), Kraft (bala) und Wissen (jñāna). Die letzten vier Tugenden sind spätere Zusätze. Mitleid wurde jedoch immer als die wichtigste Tugend betrachtet.

Daneben existiert ein System, das von zehn Stufen der Schulung spricht. Die zehn Vollkommenheiten wurden kosmologisch mit den zehn Stufen (bhūmi) der Entwicklung eines Bodhisattvas verbunden. In der Regel zieht sich das Erreichen der zehnten Stufe über etliche Kalpas (Zeitalter) hin. Auf jeder Stufe, so die Theorie, verwirklicht ein Bodhisattva eine weitere Tugend. Betrachtet man die in Mandalaform angelegte Tempelanlage von Borobudur auf Java, so wird man einerseits drei verschiedener Hauptebenen gewahr, wovon die unterste die Sinnenwelt repräsentiert, die mittlere die Götterwelt bzw. die Sphäre, in der sich der Gläubige durch Meditation auf das Ziel vorbereitet und die oberste die formlose Sphäre der Erleuchtung, andererseits erblickt man in ihr die künstlerische Umsetzung der zehn Stufen des Bodhisattvawegs, denn insgesamt lassen sich zehn Stufen erkennen. Sechs eckige Terrassen, wovon die unterste zugebaut ist, werden von drei runden gekrönt. Die letzte Ebene ist eine leere Kuppel, der oberste Stupa.

Im Gegensatz zum irdischen Bodhisattva, der sich selbst noch entwickelt, ist der transzendente Bodhisattva schon frei von Wiedergeburten. Er könnte jederzeit Nirvāṇa verwirklichen, verzichtet jedoch aus grenzenlosem Mitleid mit den unerleuchteten Lebewesen darauf. Innerhalb der späteren buddhistischen Tradition erlangten einige dieser transzendenten Bodhisattvas große Bedeutung, die sich noch heute in ihrer Verehrung erkennen lässt. Der wohl berühmteste

Bodhisattva ist Avalokiteśvara, der als Verkörperung des grenzenlosen Mitleids gilt. Symbolisiert wird dies in der Ikonographie dadurch, dass man ihn mit unzähligen helfenden Armen, genau genommen mit tausend, darstellt. Besonders in Tibet erfährt er große Verehrung. Sein weibliches Pendant ist Tārā. Auch sie zählt zu den transzendenten Bodhisattvas. Der Legende nach floss sie aus einer seiner Tränen. Ihr Name bedeutet so viel wie Retterin, da sie die Menschen ans andere Ufer der rettenden Weisheit, d.h. der Erleuchtung bringt. Im chinesischen Buddhismus wurde aus dem männlichen Avalokiteśvara selbst ein weiblicher Bodhisattva namens Guān-yīn.

Neben Avalokiteśvara zählen noch Samantabhara, Vajrapāṇi, Ratnapāṇi und Viśvapāṇi zu den ursprünglichen fünf transzendenten Bodhisattvas, die den fünf Dhyānibuddhas zugeordnet sind. Eine andere Systematik kennt acht bedeutende transzendente Bodhisattvas, zu denen Mañjuśrī zählt. Sein Name bedeutet so viel wie ›der edel und weise ist‹. Damit ist auch schon sein Wirkfeld bestimmt. Er ist ein Bodhisattva der Weisheit. Mit dem Schwert, das man ihm als Symbol zuschreibt, zerteilt er die Unwissenheit, das Grundübel des menschlichen Daseins, das Erkenntnis und damit Erleuchtung verhindert. Sein weibliches Komplement ist Prajñāpāramitā, die ebenso die reine Weisheit versinnbildlicht und ein transzendenter Bodhisattva ist.

Als Aufenthaltsort, um den Menschen zu Hilfe eilen zu können, wurden den Bodhisattvas unzählige Buddha-Reiche oder Buddha-Länder zugewiesen. Die Entwicklung der Vorstellung der verschiedenen Buddhareiche ist auch ein Produkt der mahāyānistischen Theologie. Mit der Verehrung Buddhas als transzendenter Größe entwickelte sich im Laufe der Zeit die Lehre von den drei Buddhakörpern. Diese drei Körper heißen auf Sanskrit trikāya. Es sind dies: der Gesetzeskörper (dharmakāya), der Körper des Entzückens (saṃbhogakāya) und der Erscheinungskörper (nirmāṇakāya). Die Trikāyalehre ist eine Weiterentwicklung der von den Mahāsāṅghikas vorgenommenen Unterscheidung zweier Körper Buddhas, dem transzendenten und dem historischen.

Während der dharmakāya die reine Wirklichkeit ist, die durch den Urbuddha, den Ādibuddha, repräsentiert wird, der oftmals auch als Urgrund alles Entstandenen verehrt wird, ist der saṃbhogakāya in seiner geistigen Erscheinungsweise vielheitlich, denn er ist die Daseinsform unendlich vieler transzendenter Buddhas, die so fein sind, dass sie nur durch die Meditation erkannt werden können. Sie leben in den verschiedenen Buddhaländern, von denen es unzählige gibt. Die bedeutendsten befinden sich jeweils in einer Himmelsrichtung, sowie in deren Zentrum. Maitreya, der als zukünftiger Buddha gilt und noch im Tuṣitahimmel weilt, wird ebenso ein reines Buddhareich schaffen.

Diese transzendenten Buddhas erzeugen schließlich den nirmāṇakāya, der grobstofflich ist und deswegen erkannt werden kann. Der nirmāṇakāya ist der Ort der Manifestation der historischen Buddhas, in diesem Fall Siddhārtha Gautamas. Hier tritt der Buddha als Mensch unter Menschen auf, um ihnen den Weg zum Heil zu weisen. Innerhalb verschiedener Schulen des Mahāyāna-Buddhismus, die den Gnadenaspekt des Bodhisattvagedankens sehr stark ausbauten, wurden diese Buddhareiche zu einer Art Zwischenstufe auf dem Weg zum endgültigen Heil. Der Gläubige wird durch die Gnade Buddhas in einem dieser Buddhareiche wiedergeboren, von dem aus er erst den letzten Weg antreten kann.

Die Hilfestellung auf dem Erlösungsweg durch andere Wesen ist möglich, weil der Bodhisattva sein eigenes gutes Karma weitergeben kann. Ein theologisches Konzept, das analog auch im Christentum anzutreffen ist. Die Gläubigen können am Gnadenschatz der Heiligen partizipieren. Dies ist jedoch nicht der einzige Gedanke, der der christlichen Tradition vertraut sein sollte. Wesentlich ist zudem die Vorstellung, dass einer aus grenzenlosem Mitleid mit anderen deren Leid auf sich nimmt, um sie zum Heil zu führen. Auf die zum Teil geäußerte Kritik, dass der Bodhisattva mit seinem Verzicht auf den Eintritt ins Nirvāṇa durch das Wiedergeborenwerden ja neues Leid erzeugt, konterte das Mahāyāna, dass »Wenn das Leiden vieler durch ein einziges Leiden vergeht, dann muß der, der für sich und die anderen voll Mitleid ist, dieses Leiden eben hervorrufen.« (Śāntideva, Bodhicaryāvatāra VIII,105)

Die metaphysische Begründung für das Tun des Bodhisattvas ist die im Mahāyāna-Buddhismus ausgearbeitete Lehre von der Verbundenheit aller Wesen miteinander (pratītyasamutpāda). Weil alle Wesen Leid und Freude gleichermaßen empfinden, deswegen sind alle Wesen wie das eigene Ich zu schützen, ähnlich wie die Hand den Fuß schützt, weil beide Teile des einen Körpers sind. (Śāntideva, Bodhicaryāvatāra VIII,99). Nichts ist getrennt, nichts besteht aus sich, alles durchdringt sich gegenseitig, weil nichts substanzhaft ist. Die Differenzierung von Mein und Dein basiert auf einer falschen Sicht der Wirklichkeit. Alles, was existiert, ist wesenhaft durch ›Leere‹ gekennzeichnet. Jede Wahrnehmung der Differenz ist somit Ausdruck der Unerleuchtetheit. Wer Unrecht tut, tut dies, weil er die Wirklichkeit nicht erfasst, weil er nicht sieht, dass er realiter nicht unterschieden ist von dem, dem er ein Leid zufügt. Umgekehrt gilt dies aber auch: Der Hass gegen den Täter ist Ausdruck dafür, dass die Einzigkeit der Wirklichkeit nicht erfasst ist, denn wenn alles ununterschieden ist, gegen wen richtet sich dann der Hass für erlittenes Unrecht? Wer oder was ist das Objekt der negativen Emotion, wenn es in Wirklichkeit weder ein Subjekt noch ein Objekt gibt?

Die Freude der Anderen ist die eigene, ebenso wie das Leid. Deswegen bekennt der angehende Bodhisattva bei Śāntideva im Bodhicaryāvatāra: »Zum Heile der Wesen bin ich tätig. Das Böse von früher lasse ich hinter mir und anderes Böses wirke ich nicht mehr.« (Śāntideva: Bodhicaryāvatāra, Kap. 2,9). Er gelobt, die Last und das Leid aller Wesen auf sich zu nehmen, alle Wesen mit dem Boot der Allwissenheit aus dem Strom des Wiedergeburtskreislaufes herauszuholen (Śāntideva: Śikṣā-Samuccaya 280).

Es wäre jedoch ein Missverständnis zu glauben, dass sich Mitleid immer nur durch Nachgeben und Selbstverleugnung manifestiert. Ein wesentlicher Aspekt der buddhistischen Lehre ist ihre Ausgewogenheit, denn sobald eine Seite überbetont wird, entsteht durch das Ungleichgewicht erneut Leiden. Aus diesem Grund ist Mitleid und Mitempfinden nicht gleichbedeutend mit sich von anderen ausnutzen zu lassen. Es kann unter bestimmten Umständen ein tieferer Ausdruck des Mitempfindens sein, einen anderen Menschen an der Ausübung eines Unrechts zu hindern, als ihn gewähren zu lassen. Dazu kommt auch, dass das eigene Wesen zum Schutz der anderen geschützt werden soll. Niemand kann anderen dienen, wenn er selbst beeinträchtigt ist. Das Entscheidende ist letztlich die innere Gesinnung, in der man Menschen gegenübertritt. Mitleid ist immer mit Weisheit verbunden.

Dies verdeutlicht die Geschichte vom Drachen, der einst Menschen mit seiner Kraft und Gewalt in Angst und Schrecken versetzte. Eines Tages begegnete ihm ein Bodhisattva, der ihn aufforderte, sein gewalttätiges Leben aufzugeben und ein friedfertiges zu führen, da ihn dies weit glücklicher machen würde. Der Drache befolgte den Rat des Bodhisattvas. Als die Menschen jedoch merkten, dass der Drache von seiner Gewalttätigkeit Abstand genommen hatte, begannen sie ihn nun ihrerseits zu quälen. Nach einiger Zeit traf der Drache wieder den Bodhisattva und klagte ihm sein Leid, dass er aufgrund der Qualen der Menschen überhaupt kein glücklicheres Leben führen würde. Seine Gewaltlosigkeit habe zu nichts Gutem geführt. Der Rat des Bodhisattvas lautete ganz einfach: zeig ihnen ab und an dein Feuer, ohne sie zu verletzen, dann werden sie dich in Ruhe lassen. Zu erkennen, was in welcher Situation angezeigt ist, erfordert echte Weisheit. Erkenntnis und Ethik sind nicht zwei sich ausschließende Elemente, sondern sie bedingen sich gegenseitig. Dies wird schon in Bezug auf den Achtfachen Pfad deutlich, der aus den Aspekten, Weisheit / Erkenntnis, Ethik und Meditation besteht.

Meditation

Innerhalb des Buddhismus spielte die Meditation von Anfang an die entscheidende Rolle auf dem Weg zum Heil. Die Stellung der Meditation wird deutlich, wenn man sich einmal den Achtfachen Pfad vergegenwärtigt, dessen sechste, siebte und achte Stufe Meditation bzw. das Ziel der Meditation, die Erleuchtung, zum Inhalt hat. Sowohl die Erleuchtung selbst als auch die Trias dieser drei Stufen werden als samādhi bezeichnet. Daneben finden sich für den Bereich der Meditation Begriffe wie smṛti (Achtsamkeit, in Pāli: sati), dhyāna (Versenkung), śamatha (Ruhe) oder ekāgratā (Einspitzigkeit, Konzentration auf einen Punkt), die oft für ganz spezielle Bereiche des meditativen Zustands oder eigene Meditationsmethoden stehen. Hinter dem Begriff der Meditation verbirgt sich in der östlichen Weisheitstradition also ein ganzer Komplex spiritueller Methoden und Lehren.

Eine Vielfalt, die die christliche Tradition so nicht kennt. Wenn im christlichen Kontext von meditatio die Rede war, so entsprach das gerade nicht dem, was wir heute damit im Kontext indischer Lehren verbinden. Meditatio bedeutete das geistige ›Durchdenken‹ eines bestimmten Textes oder einer Lehre und die Ermittlung von deren Gehalten. Die meditatio erfolgte auf die lectio, das Lesen eines Textes. Die meditatio wurde durch die oratio, das innere Gebet, oder gleich durch die contemplatio, die innere Schau, erweitert. Was im modernen Sprachgebrauch hinsichtlich indischer Spiritualtechniken als Meditation bezeichnet wird, entspricht im Christlichen am ehesten der contemplatio. Und das, was wir im christlichen Kontext meditatio nennen, geht mit den ersten Schritten meditativen Bemühens auf der untersten Stufe, vitarka und vicāra, parallel.

Ziel der Meditation ist kein innerweltliches Glück im üblichen Sinne, sondern reine Gelassenheit. Wessen Geist stetig zur Ruhe gekommen ist, der hat das höchste Ziel, die Erleuchtung und damit die Befreiung aus dem Daseinskreislauf, erlangt. Die buddhistische Tradition verglich diesen beruhigten Geist oft mit der Meeresoberfläche an einem windstillen Tag. So wie das Meer völlig glatt ist und sich alles in der Wasseroberfläche spiegelt, so verhält es sich mit dem erleuchteten Geist. Es ist wohl kein Zufall, dass man diesen Zustand als Nirvāṇa bezeichnet, was Nicht-Wehen heißt. Interessanterweise nannten die griechischen Philosophen der stoischen Schule denselben Geisteszustand ›galene‹, was ebenso Windstille heißt.

Grundsätzlich lassen sich zwei bzw. drei ursprüngliche Meditationsformen im Buddhismus unterscheiden: die Vipassanā-Meditation, die Samatha-Meditation und als Drittes die Brahma-vihāra-Meditation. Die späteren Schulen entwickelten darüber hinaus noch eine Vielzahl von weiteren Übungen, die aber oft auf diesen Grundformen aufbauen. Die Vipassanā-Meditation (skr. vipaaśana) dient der Entwicklung des Klarblicks oder Durchblicks. Durchblick ist hier wirklich im wörtlichen Sinn zu verstehen. Der Erleuchtete blickt auf die Wirklichkeit ohne irgendwelche geistigen Trübungen, die durch das diskursive Denken und die Emotionen entstehen. Er sieht die Dinge, wie sie sind. In der Samatha-Meditation (skr. śamatha) versucht der Meditierende seinen Geist durch Vervollkommnung der Konzentration völlig zu beruhigen, weswegen man diese Übung auch Geistberuhigungsmeditation nennt. Mit ihr ist der Weg der so genannten dhyāna-s, (Pāli jhāna-s), der vier aufeinander folgenden Versenkungsstufen, verbunden, der sich besonders im Theravādabuddhismus großer Beliebtheit erfreut. Vermutlich sind jedoch die Einzelbestandteile, d.h. die meditativen Zustandsbeschreibungen und Übungen der vier Stufen, älter als die dhyāna-Methode als solche.

Auf der ersten Stufe findet die Lösung von Begierden und unheilsamen Dingen statt. Negative Gedanken oder Gefühle werden überwunden. Was verbleibt, sind noch objektbezogene positive Überlegungen, auf die der Geist gerichtet ist. Der mit der ersten Stufe verbundene geistige Zustand ist Freude und Glück über die Fähigkeit der Abwendung von den Sinnendingen. Hier ist es dem Meditierenden bereits gelungen, die fünf geistigen Hindernisse: Gier, Bosheit, Schlaffheit, Erregung und Zweifel zu überwinden. Auf der zweiten Stufe wird nun das diskursive Denken gänzlich überwunden. Der Geist ist ›einspitzig‹ geworden, d.h. er kann sich ausschließlich auf ein Objekt in der Meditation konzentrieren. Der Meditierende ist deshalb völlig vom Gefühl der Freude (prīti) und des Glücks (sukha) durchdrungen.

Auf der dritten Stufe lässt der Geist auch noch die Freude zurück. Der Meditierende ist nun völlig gelassen. Sein Geist befindet sich im Zustand reiner Gelassenheit (upekṣā) und Achtsamkeit (smṛti). Die damit einhergehende Empfindung ist reines Glück. Auf der vierten Stufe ist sogar das Glücksgefühl verschwunden. Der Geist verharrt in reiner Gelassenheit. Er ist völlig befreit. Der meditative Weg der vier dhyāna-s beginnt also mit der Loslösung des Geistes von den Sinnendingen, richtet sich auf die Konzentration des Geistes auf ein Objekt, geht von dort zur Achtsamkeit und Gelassenheit. Entscheidend für diese Technik ist, dass der Übende jede Stufe nach deren Erreichen auf ihre Qualität hin überprüfen und überblicken soll. Das Fortschreiten von Stufe zu Stufe wird durch diese ›Qualitätskontrolle‹ im Sinne eines kontinuierlichen Flusses unterbrochen.

Diese vier dhyāna-s werden auch als rūpa-dhyāna-s bezeichnet, als die formhafte Sphäre. An sie schließen sich noch vier formlose Vertiefungen an, die arūpa-dhyāna-s. Die ersten drei lernte Buddha vermutlich bei seinem ersten Lehrer kennen (Majjhima-Nikāya 1,208). Auf der ersten Stufe der formlosen Vertiefung erlebt der Meditand die Unendlichkeit des Raumes, weil er sich nicht mehr als getrennt von allem um ihn herum erfährt. Die Körperwahrnehmung ist überwunden. Auf diese Erfahrung erfolgt die Einsicht in die Bewusstseinsunendlichkeit. Die Trennung von Raum und Bewusstsein als verschiedene Sphären wird als Illusion durchschaut. Damit ist auch die Trennung zwischen Bewusstseinsinhalt und Bewusstsein selbst auf-

Buddha mit vitarka-mudrā (Lehrgeste)

gehoben. Es herrscht völlige Einheit zwischen Erkenner und Erkanntem. Diesen Bereich der formlosen Vertiefung nennt man die ›Nichtirgendetwasheit‹ oder ›Nichtsheit‹, da hier nichts mehr erkannt wird. Weil auf der siebten Stufe die ›Nichtsheit‹ noch ›wahrgenommen‹ wird, besteht immer noch eine Dualität, nämlich die von Wahrnehmen und Nichtirgendetwasheit. Diese wird auf der achten Stufe nun gänzlich überwunden. Die letzte Stufe wird als ›Weder-Wahrnehmung-Noch-Nichtwahrnehmung‹ bezeichnet. Vermutlich lernte Buddha diese Versenkungsform bei seinem zweiten Lehrer Udraka Rāmaputra kennen. Ob es sich bei den vier formlosen Versenkungsstufen um spätere Einschübe handelt, wie es z.T. in der Fachliteratur behauptet wird, da Buddha diese an einigen Stellen im Kanon kritisiert, oder ob Buddha diese selbst lehrte und schätzte, wie andere Stellen nahe legen, kann hier nicht diskutiert werden.

Bei der Brahma-vihāra-Meditation, Brahma-vihāra heißt soviel wie erhabene / göttliche Verweilzustände, geht es nicht so sehr um die

Beobachtung der Vorgänge im eigenen Ego, um diese zu kontrollieren, sondern darum, die vier göttlichen Geisteshaltungen, Mitfreude, Mitempfinden, Gleichmut und Liebe, auf die ganze Welt auszudehnen. Alles und jeder soll von Mitfreude, Mitempfinden und Liebe umfasst werden. Dazu bedarf es der geistigen Haltung der Gelassenheit. Gelassenheit zu verwirklichen ist wiederum nur möglich, wo Mitfreude, Mitempfinden und Liebe existent sind. Ansonsten entsteht nicht eine Haltung des Gleichmuts, sondern der Gleichgültigkeit. Diesen inneren Gleichmut erlangt man, indem man seinen Geist beruhigt, weil man die Dinge in ihrem wahren Wesen erkennt, sie durchblickt.

Während die Geistberuhigungsmeditation also der Erlangung der höchst möglichen Konzentration und damit verbunden der inneren Ruhe dient, versucht die Vipassanā-Meditation die Dinge zu durchblicken, um sich von allen Verhaftungen zu befreien und Erlösung zu erlangen. Im Gegensatz zur Samatha-Meditation ist sie jedoch nicht in verschiedene aufeinander folgende Stufen unterteilt. Dennoch handelt es sich hier nicht um gegensätzliche, sondern um eng aufeinander bezogene Methoden, die beide mit der geistigen Sammlung beginnen. Der gänzlich gesammelte, beruhigte Geist erkennt in der Vipassanā-Meditation die Dinge, wie sie sind, ohne geistig-emotionale Vorstellung des eigenen Egos. Er ist frei von Hass, von Verblendung etc., weil er die Wirklichkeit nehmen kann, wie sie ist. Der Geist der Durchblick erlangt hat, bewertet nicht mehr. Er lebt in reiner Achtsamkeit, ja er ›ist‹ diese selbst und kann allem und jedem in uneingeschränkter Liebe, Mitfreude und in grenzenlosem Mitleid begegnen, ohne sich darin und daran zu verlieren.

Eine heute sehr beliebte Form der Vipassanā-Meditation ist die Körperdurchkehren- oder Körperdurchfließen-Meditation. Der Name ist eine Übersetzung des englischen ›body sweeping‹. Diese Methode geht auf den birmesischen Laien U Ba Khin (1899–1971) und seinen Schüler S.N.Goenka zurück. Dort wird die Aufmerksamkeit zunächst auf die Atmung konzentriert, damit der Geist gesammelt ist. Wenn dies der Fall ist, soll dieser einspitzig gewordene Geist durch den Körper fließen, um die Körperempfindungen wahrzunehmen, die durch Sinneskontakte hervorgerufen werden, ohne sich mit ihnen zu identifizieren. Dadurch wird die Illusion eines in sich geschlossenen Ego, Selbst etc. als falsch erkannt und Erleuchtung erlangt. Erleuchtung meint ja nichts anderes als die Vernichtung des Irrtums des Ansichseins des Ich.

Die Achtsamkeits-Meditation Sati(u)paṭṭhānameditation

Vipassanā, also Durchblick, wird besonders durch eine Methode erlangt: durch die reine Achtsamkeit, die im Pāli sati heißt. Aus diesem Grund kam auch der Sati(u)paṭṭhānameditation, der Vergegenwärtigung der Achtsamkeitsmethode, von Anfang an größte Bedeutung zu. Upaṭṭhāna (Sanskrit: upasthāna) bedeutet Nahebeisein, Vergegenwärtigen, Bereithaltung; der Bezug auf das Pāliwort paṭṭhāna, was so viel wie Stütze, Grundlage, Basis bedeutet, ist in diesem Kontext falsch. Zu Beginn des 20. Jh. entstand in Burma eine Bewegung, die sich wieder in besonderer Weise der Satipaṭṭhānameditation widmete und dieser zu einem echten Revival verhalf. Wesentlich für die Sati-Methode ist, dass jeder Augenblick des Daseins mit Aufmerksamkeit bedacht wird.

Nichts von dem, was getan wird, soll als unbewusster Automatismus ablaufen. Dies heißt z.B., nicht alles gleichzeitig zu machen. Fernsehen und dabei zu essen ist kein Ausdruck von Achtsamkeit, da ein Vorgang, z.B. der des Essens, völlig ausgeblendet wird. Man isst, ohne sich dessen bewusst zu sein. Dieses Verhalten lässt sich in vielen Situationen des alltäglichen Lebens ausmachen. Der ihm zugrunde liegende unbewusste Automatismus soll durch Achtsamkeit durchbrochen werden. Achtsamkeit heißt aber gerade nicht, regulierend in einen Prozess einzugreifen und ihn zu bewerten, sondern ihn neutral und in voller Bewusstheit wie ein Außenstehender wahrzunehmen. Sinn des Aufmerksamwerdens ist es, die falsche Identifikation mit dem Körperlichen und dem Ego zu durchbrechen.

Was es mit sati auf sich hat, erläuterte Buddha selbst in der Lehrrede von der Achtsamkeit, dem Mahā-Satipaṭṭhāna-Sutta (Dīgha-Nikāya 2,290–314 und Majjhima-Nikāya 1,70–82). Sati ist die Methode, die Buddha selbst als unmittelbar zielführend beschreibt. Wobei der in diesem Kontext von Buddha geäußerte Satz ›ekāyano ayam maggo‹ nicht unbedingt mit ›Dies ist der einzige Weg‹ übersetzt werden muss, sondern mit ›Diesen Weg muss jeder alleine gehen‹ oder ›Dies ist der Weg, der zu einem Ziel führt‹. Wer sati übt und beherrscht, der wird Nirvāṇa erlangen. Derjenige ist befreit aus dem endlosen Kreislauf der Wiedergeburten. In diesem Menschen wird Māra, der Verführer und Zerstörer, der Herr über den Wiedergeburtskreislauf, keinen Einlass mehr finden.

Insgesamt gibt es vier Aspekte, auf die der Mensch seine Achtsamkeit richten muss. Die Zusammenstellung dieser vier Aspekte stammt so vermutlich noch nicht von Buddha selbst, sondern wurde erst im 3./4. Jh.v.Chr. von Kompilatoren geleistet. Der erste Aspekt umfasst den Bereich des Körpers, der zweite den des Gefühls, der dritte den des Geistes und der vierte den der Geistobjekte. Die Achtsamkeitsübung ist eine Methode, die Buddha z.B. auch im Fall von schwerer Krankheit empfahl. Während der Kranke seine Aufmerksamkeit auf Körper, Gefühl, Geist und Geistobjekte richtet und seinen Schmerz wahrnimmt, soll er lernen, sich nicht mit diesem zu identifizieren. Zur Aufhebung dieser Identifikation ist es sinnvoll, sich die vier Grundlagen der Achtsamkeit, Körper, Gefühl, Geist und Geistobjekte unter den beiden Aspekten von Entstehen und Vergehen zu vergegenwärtigen.

Die Körperbetrachtung unterteilt sich noch einmal in sechs verschiedene Betrachtungen, wovon die Atembeobachtung der Ausgangspunkt ist. Dies ist verständlich, da die Atmung der entscheidende Faktor unseres menschlichen und körperlichen Daseins ist.

Die Atmung wird bei dieser Übung aber nicht beeinflusst oder geändert, sondern nur beobachtet. Man ist sich bewusst, dass man kurz einatmet oder lang, dass man ausatmet oder ein- und ausatmet. Jeder Atemvorgang wird aufmerksam wahrgenommen, ohne ihn zu verändern. In der Regel wird diese Betrachtungsform im Sitzen eine bestimmte Zeit ausgeführt.

Nach der Atembeobachtung steht die Körperhaltung im Zentrum der Aufmerksamkeit. In allem, was der Mönch tut, soll er seinen Körper beobachten, egal ob er geht, steht oder liegt. Es geht um ein Gewahrwerden der körperlichen Funktionen. Häufig wird diese Körperbetrachtung heute z.B. mit einer Gehmeditation verbunden. Die Achtsamkeit richtet sich hier völlig auf den Aspekt des Gehens. Jeder Vorgang wird mit Aufmerksamkeit ausgeführt: das Fußanheben, das Vorwärtsbewegen, das Fußsenken. Der Sinn der Körperbetrachtung liegt u.a. darin, sich über die falsche Identifikation des Bewusstseins mit den Körperfunktionen bewusst zu werden. Weil alle körperlichen Prozesse mehr oder weniger automatisch ablaufen, neigt der Mensch in seinem Alltagsbewusstsein dazu, sich mit diesem Körper zu identifizieren, im Sinne eines: ich gehe, ich sitze, ich liege, doch wer geht, sitzt, liegt in Wirklichkeit? Eine gründliche Analyse zeigt, dass hinter allen Bewegungsabläufen, die durch Willenstendenzen, welche wiederum durch Gedanken und Vorstellungen erzeugt werden, letztlich keine Ichsubstanz liegt. Auf der Körperbetrachtung baut der dritte Aspekt: ›das Handeln mit Wissensklarheit bei allen Körperfunktionen‹ auf. Er stellt gewissermaßen eine Vertiefung der ersten und zweiten Stufe dar. Wie die zweite Betrachtung ist aber auch sie keine zeitlich beschränkte, anders als z.B. die Atembeobachtung. Vielmehr handelt es sich hier um einen fortwährenden Prozess, der deswegen auch nicht auf das Sitzen im Meditationssitz beschränkt sein kann. Hier geht es darum, alle unbewussten Körperfunktionen wie z.B. die Entleerung der Verdauungsorgane etc. mit Wissensklarheit auszuführen, d.h. diese auch bewusst kontrollieren zu können.

Der vierte Schritt zielt auf die Betrachtung der Ekelhaftigkeit des Körpers, eines Körpers, der mit Eiter, Schleim, Kot, Urin, Schweiß, Fett etc. angefüllt ist. Diese Art der Körperbetrachtung ist jedoch keine spezifisch buddhistische. Ein Blick in die ›Selbstbetrachtungen‹ des griechischen Stoikers und Kaisers Marc Aurel zeigt, dass diese Körpermeditation auch im Abendland bekannt war und dort mit einer ähnlichen Zielvorstellung praktiziert wurde. Während man im Buddhismus versuchte, die Identifikation des Bewusstseins mit dem Körper zu durchbrechen, um Geistesruhe zu erlangen, betonte man im Stoizismus den Gleichklang mit dem unveränderlichen Lauf der Natur, der ob seiner göttlichen Unveränderlichkeit nicht bewertet und mit Emotionen belegt werden sollte.

Ferner fordert Buddha zur Betrachtung der Elemente auf, aus der der Körper besteht. Dies sind nach buddhistischer Vorstellung das Erd-, das Wasser-, das Hitze- und das Windelement. Sie bezeichnen Ausdehnung, Kohäsion, Temperatur und Bewegung des Körperlichen. Sie sind nur dem Körpersinn erfahrbar. Damit ist aber die Körperbetrachtung noch nicht abgeschlossen.

Die letzte Betrachtung zielt auf die Vergänglichkeit des Körperlichen. Sie hat als so genannte Leichenfeldmeditation Bekanntheit erlangt. Die sehr makaber klingende Anweisung, sich zunächst einen verwesenden, dann einen von Tieren zerfressenen und schließlich einen in der Skelettierungsphase befindlichen Leichnam vorzustellen, dient dazu, sich die Vergänglichkeit des eigenen Körpers stets zu vergegenwärtigen, um sich emotional nicht an den Köper zu binden. Die Betrachtung von in der Zersetzung befindlichen Körpern war in Indien ein Leichtes, denn nicht jeder konnte sich eine teure Verbrennung leisten. Die Ärmsten wurden oft auf so genannten Leichenfeldern den Tieren zur Entsorgung überlassen. All diese Betrachtungen und Analysen des Körpers dienen dem Aufweis, dass die Identifikation mit dem Körper als wahrem Wesen des Menschen auf einer falschen Sicht der Dinge basiert. Die gesamte Körperbetrachtung mit ihren sechs Stufen zielt darauf, die Identifikation mit dem Körper als dem Wesen des Menschen zu durchbrechen.

Der zweite Aspekt der Achtsamkeit hat nun das Gefühl im Visier. Der Buddhismus differenziert drei Arten von Gefühlen: angenehme, unangenehme und indifferente. Jeder Sinneseindruck erfährt durch den Geist eine gefühlsmäßige Bewertung im Sinne von angenehm, unangenehm oder indifferent. Diese Bewertung heißt es, sich bewusst zu machen, um zu verhindern, dass aus ihr weitere emotionale Verkettungen entstehen, die sich unheilvoll auswirken. Es geht hier um eine nüchterne, d.h. nicht-involvierte Analyse eines Gefühls und der dieses Gefühl verursachenden Situation. Wer z.B. eine bestimmte Situation als sehr unangenehm erfahren hat, weil er von einem anderen verletzt wurde, der soll nun seine Betrachtung auf das Gefühl ›unangenehm‹ richten, ohne sich in den emotionalen Strudel von Hass und Vergeltungswünschen ziehen zu lassen. Auch bei dieser Übung geht es darum, zu sich und seinem Tun eine Distanz zu entwickeln. Dies gelingt, wenn man aufhört, Situationen zu bewerten und die eigenen Gefühle nüchtern wie ein Außenstehender betrachtet. Das Wesentliche dieser Übung besteht in der Bewusstwerdung der Tatsache, dass nicht die äußeren Dinge, die wir gemeinhin als angenehm oder unangenehm betrachten, angenehm oder unangenehm sind, sondern, dass unsere emotionale Bewertung diese so empfinden lässt.

Die dritte Achtsamkeitsübung, von der Buddha spricht, ist die Achtsamkeit in Bezug auf den Geist. Auch hier gilt es wie bei der Achtsamkeit bezüglich des Gefühls, die Unzulänglichkeit des Geistes aufzudecken. Es muss geprüft werden, ob der Geist noch von Regungen wie Hass, Leidenschaft und Verblendung beeinträchtigt ist. Ist er unkonzentriert, unachtsam, unkontrolliert oder einspitzig, d.h. gesammelt. Sinn dieser Stufe ist die Kontrolle der geistigen Reife im jeweils aktuellen Moment. Wer sich über aufkommende negative geistige Regungen bewusst ist, kann diese bereits in ihrem Anfangsstadium neutralisieren.

Die letzte Form der Achtsamkeit richtet sich nicht mehr auf den Geist selbst, sondern auf dessen Objekte. Dabei werden fünf bedeutende Kategorien von Denkinhalten genannt, die der Meditand bedenken soll: die fünf Hemmungen, die fünf Daseinsfaktoren, die sechs Sinne, die sieben Erleuchtungsglieder und die vier heiligen Wahrheiten. Sie sind ein Prüfstein, wie es mit der Geistesruhe steht. Die fünf so genannten Hemmungen werden so bezeichnet, weil sie den spirituellen Fortschritt hemmen. Diese Fortschrittshemmer sind Gier, Bosheit, Schlaffheit, Erregung und Zweifel. Der Sinn einer Meditation über die fünf Hemmungen liegt darin, dass der Mensch sich durch die Bewusstmachung ihrer negativen Kräfte dieser schrittweise entledigen kann. Ohne Überwindung der fünf Hemmungen können die vier Versenkungsstufen der feinkörperlichen Ebene, dhyāna genannt, nicht erlangt werden. Was es mit diesen auf sich hat, wurde bereits kurz erläutert.

Die fünf skandha-s, die als Geistobjekt erscheinen, sind Körperlichkeit, Gefühl, Wahrnehmung, Willenstendenzen bzw. Gestaltungskräfte und Bewusstsein. Dies sind die fünf Daseinsfaktoren, die nach buddhistischer Lehre den Menschen konstituieren. Dass es sich hier nicht um ein spezifisch buddhistisches Menschenbild handelt, ist offensichtlich. Auch in der abendländischen Tradition wird der Mensch als ein Wesen gesehen, das aus Körper, Gefühl, Sinnen, Willen und Verstand besteht. Das Problem liegt nach buddhistischer Ansicht darin, dass das Alltagsbewusstsein immer dazu neigt, sich mit diesen fünf Elementen so zu identifizieren, dass es darin sein wahres Wesen erblickt. Wenn der Geist sich also auf diese fünf Daseinselemente richtet und sich mit ihnen verbindet, ist jeglicher geistige Fortschritt blockiert.

Es ist deshalb notwendig, diese als nicht an-sich-seiend zu durchschauen und sich so von der falschen Anschauung zu befreien, der Mensch sei wesenhaft diese fünf Faktoren. Ebenso verhält es sich mit den sechs Sinnen: dem Sehen, Hören, Riechen, Schmecken, Fühlen und Denken. Die sieben Erleuchtungsglieder, von denen Buddha spricht, sind: Achtsamkeit, Wirklichkeitsergründung, Tatkraft, Entzücken, Ruhe, Sammlung und Gleichmut. Über sie soll meditiert werden, da sie einen geistigen Fortschritt bewirken. Bei den vier Wahrheiten handelt es sich natürlich um die vier Heiligen Wahrheiten: die Leidhaftigkeit alles Seienden, die Entstehung des Leidens, die Beendigung des Leidens und der Weg zur Beendigung des Leidens, welches der Achtfache Pfad ist. Die Bewusstmachung der vier heiligen Wahrheiten dient ebenso der Lösung der Identifikation mit dem Ego und seinen Komponenten.

In der Regel gelingt es dem Meditierenden eine bestimmte Zeit lang, die Übung konzentriert auszuführen, doch dann entsteht eine geistige Unruhe, die den Geist nach Außen in die Zerstreuung lenkt. Buddha weist den Meditierenden an, wenn ihm dies passiert, den Geist auf eine erhabene Vorstellung zu richten. Dies bewirkt eine freudige Gestimmtheit, die den inneren Aufruhr beruhigt, wodurch sich der Geist wieder sammelt und die Aufmerksamkeit auf den nächsten Aspekt gerichtet werden kann. Diese Form der Meditation bezeichnet Buddha als unterbrochene Meditation. In der ununterbrochenen Meditation wird der Geist hingegen durch nichts mehr abgelenkt und verweilt ununterbrochen beim Betrachtungsobjekt.

Die buddhistische Tradition sprach in Bezug auf die Verwirklichungsgrade hinsichtlich des Nirvāṇa von vier Menschentypen: den in den Strom Eingetretenen, den Einmalwiederkehrenden, den Niemehrwiederkehrenden und den Arhat-s, den vollkommen Erleuchteten. Die in den Strom Eingetretenen haben bereits die drei schlimmsten Fesseln, die den Menschen an den Daseinskreislauf binden, überwunden: den Glauben an die Beständigkeit des Ego, das Haften an religiösen Riten und den Zweifel an der Lehre. Ihnen stehen maximal noch sieben Wiedergeburten bevor. Der Einmalwiederkehrende hat zudem noch den Wunsch nach Sinnlichem und die Angst vor allem Unangenehmen überwunden. Er wird nur noch einmal wiedergeboren, im Gegensatz zum Niemehrwiederkehrenden. Dieser hat eine so große geistige Vollkommenheit, dass er nicht mehr physisch wiedergeboren wird, da ihm aber noch Karmareste anhängen, wird er noch einmal in einer höheren Daseinsform geboren, von wo aus er direkt Erleuchtung erlangt. Der Arhat geht nach seinem physischen Tod direkt ins Nirvāṇa ein.

Übernatürliche Fähigkeiten

Das Ziel jeder Meditation ist das Erlangen der Geistesruhe, das Nichtmehr-Anhaften, kurz Nirvāṇa genannt. Buddha beschreibt darüber hinaus einige Segnungen, die mit der Beherrschung der Achtsamkeitsübung verbunden sind: die Beherrschung von Lust und Unlust, von Angst und Furcht, das Ertragen von Kälte und Hitze, von Hunger und Durst, von Wind und Sonnenglut, von Stechfliegen, Mücken, Schlangen, von unliebsamen Redeweisen und von körperlichen Schmerzen, die Fähigkeit, durch Wände, Mauern, Berge hindurchzugehen, auf dem Wasser zu wandeln, durch die Luft zu schweben, die Töne der Götter zu hören, Gedanken zu lesen, sich an frühere Geburten zu erinnern. Neben dem Erwerb übernatürlicher Kräfte gelten die Beseitigung der fünf Hemmnisse sowie die Beseitigung aller Befleckungen als mit dem Meditationsfortschritt verbundene Effekte.

Die übernatürlichen Kräfte, siddhi-s genannt, beeindruckten die Menschen aller Zeiten und Kulturen stets am meisten, auch wenn ihr Erlangen nicht der eigentliche Sinn von Meditation ist. Innerhalb der indischen Kultur widmeten sich im Lauf der Jahrtausende nicht wenige dem Erwerb dieser Fähigkeiten. Buddha selbst stand den siddhi-s eher kritisch gegenüber, weil er um deren Gefahrenpotenzial wusste. Er sah, dass viele Asketen so sehr mit dem Erwerb der siddhi-s beschäftigt waren, dass sie darüber hinaus das eigentliche Ziel, die Erleuchtung, aus den Augen verloren. Als ein Asket einmal Buddha am Ganges erklärte, er habe nun durch jahrelange Meditation die Fähigkeit erworben, über den Ganges zu laufen, erwiderte Buddha nur, dass dies vergeudete Jahre waren, denn für ein paar Rupien hätte ihn jeder Fährmann übergesetzt.

Ähnlich kritisch begegnet Buddha dem Hausvater Kaivarta, der ihn auffordert, einen seiner Mönche ein Wunder wirken zu lassen, um die Bewohner seiner Stadt Nālandā als neue Anhänger für die Lehre zu gewinnen. Buddha erläutert ihm nun, dass es drei Formen von Wunder gibt, wovon er nur die dritte zur Anhängergewinnung akzeptiert. Dieses Wunder ist die Lehrverkündigung selbst, also überhaupt nichts Übernatürliches. Buddha deutet hier den Wunsch nach einem Wunder sehr geschickt um. Die anderen beiden Arten von Wundern, die er ablehnt, sind die übernatürlichen Fähigkeiten, wie sich unsichtbar zu machen, durch Wände zu gehen, auf dem Wasser zu laufen etc. und die Fähigkeit, Gedanken zu lesen. (Dīgha-Nikāya 1,211–223)

Es ist nicht so, dass Buddha das Ansinnen, Wunder zu wirken, deswegen kritisiert, weil er nicht an die Möglichkeit dieser Fähigkeiten glaubt, sondern er misst ihnen auf dem Heilsweg keine erlösungsfördernde Kraft bei. Wir wissen aus dem Pāli-Kanon von einem der bedeutendsten Schüler Buddhas, von Mahākāśyapa, dass er über viele siddhi-s verfügte und diese auch anwendete. Der Erleuchtete kann sie ausführen, da er nicht mehr an ihnen hängt. Weil jedoch die Gefahr des Anhaftens in diesem Bereich durch die Faszination, die von diesen Fähigkeiten ausgeht, sehr groß ist, rät Buddha, sich gar nicht erst um sie zu bemühen. Die Fähigkeit, Wunder zu wirken, ist ein Nebenprodukt des Erlösungswegs und nicht ihr Ziel. Dass sich Magie und Zauberei trotz Buddhas eher ablehnender Haltung auch bei seinen Anhängern stets größter Beliebtheit erfreuten, liegt wohl in der Natur des Menschen. Besonders in den tantrisch beeinflussten Richtungen des späteren Buddhismus spielten die Magie und der Erwerb von siddhi-s eine wesentliche Rolle. Sehr ausgeprägt ist dieser Hang zur Magie im tibetischen Buddhismus zu erkennen.

Meditationsformen in den verschiedenen buddhistischen Schulen

Der besondere Stellenwert der Meditation im Buddhismus wird auch daran sichtbar, dass der Aspekt der Meditation sogar die Namensgebung zweier Schulen beeinflusste. Die erste ist der Vijñānavāda-Buddhismus, der wie bereits erläutert auch als Yogācāra bezeichnet wird. Die im Westen sicher bekanntere Schule, deren Namen unmittelbar auf die Bedeutung der Meditation verweist, ist jedoch der Zen-Buddhismus, der seinerseits wesentlich durch das Yogācāra beeinflusst wurde.

Der japanische Zen-Buddhismus ist in zwei große Hauptrichtungen unterteilt, die sich in ihrer Meditationspraxis z.T. unterscheiden: die Rinzai-Schule, als deren Gründer Eisai (1141–1215) gilt, und die Soto-Schule, die sich auf Dōgen (1200–1253) als ihren Stifter beruft. Die Rinzai-Schule bedient sich besonders der Koans als spiritueller Übung. Ein Koan ist eine Art Rätsel, das der Lehrer seinem Schüler zur Lösung aufgibt. Das Entscheidende beim Koan ist jedoch, dass es mit dem Verstand niemals gelöst werden kann. Sinn dieser Aufgabe ist es, das rationale Denken so in eine Sackgasse zu treiben, dass es quasi zerschellt. Erst wo das in Diskursivität befangene Denken durchbrochen ist, kann Erleuchtung eintreten. Es ist einsichtig, dass hier Erleuchtung als ein plötzliches Ereignis betrachtet wird.

Dōgen betonte hingegen besonders stark den Aspekt der Meditation und der Disziplin, was vielleicht damit zusammenhängt, dass die Zustände, auf die er in den Tempeln traf, nicht unbedingt sein Herz erfreuten. Das Sitzen in Kontemplation, zazen genannt, spielt in der Soto-Richtung eine äußerst wichtige Rolle. Dōgen gibt seinen Schülern eine sehr detaillierte Anweisung, wie zazen zu praktizieren ist. Nachdem der Meditand in einem ruhigen Raum die Meditationsposition entweder im vollen oder halben Lotussitz auf einem Kissen eingenommen hat und die linke Hand in die rechte gelegt hat, welche auf dem linken Fuß ruht, soll er bei geöffneten Augen beginnen, auf den Atem zu achten. Jeder Wunsch, jedes Bild, das nun im Geist aufscheint, wird, nachdem man den Vorgang des Aufscheinens beobachtet hat, einfach fahren gelassen.

Eine Spezifierung dieser Meditation stellt shikantaza dar, was so viel wie ›nichts als sitzen‹ bedeutet. Es handelt sich hier um eine Meditationsform, bei der die Aufmerksamkeit des Geistes auf kein Objekt mehr gerichtet ist. Im Gegensatz zur Rinzai-Schule wird das Erlangen der Erleuchtung eher als ein schrittweiser Prozess betrachtet, wobei es sich hier letztlich doch nur um unterschiedliche Betonung ein und derselben Sache handelt, denn auch dort, wo Erleuchtung als ein stufenweiser Vorgang beschrieben wird, ist der Unterschied zwischen der letzten Stufe des Wegs und dem Ziel so groß wie dort, wo von einem plötzlichen Erreichen gesprochen wird. Zwischen der Erleuchtung und der Nichterleuchtung klafft logisch betrachtet immer der gleich große Abstand.

Selbst der erhabenste Meditations-Zustand, der noch nicht die Erleuchtung selbst ist, gehört zum Bereich des Relativen, da er entsteht und vergeht. Für den Meditierenden ist es natürlich ein wesentlicher Unterschied, ob er seine Gedanken keine Sekunde kontrollieren kann oder ob ihm dies für Stunden gelingt. In dem Moment, wo er aber die Kontrolle verliert, ob nach Sekunden oder Stunden, ist er von der endgültigen Erleuchtung wieder entfernt. Die endgültige Überwindung aller Dualität wird in der Zen-Tradition als satori oder kensho bezeichnet. Dabei steht kensho in der Regel eher für die noch nicht vollendete Satori-Erfahrung. Die allerdings fast schon inflationär erscheinende Satori-Anerkennung durch japanische Zen-Meister lässt die Frage auftauchen, ob unter satori alle das Gleiche verstehen.

All die genannten Meditationspraktiken der verschiedenen Schulen haben eines gemeinsam: die Betonung von Disziplin und Askese. Askese meint hier das bewusste Sich-Herauslösen aus dem Relativen und Bedingten durch eine Ausscheidungs- und Abgrenzungsmethode. Dies ist aber nicht die einzige Möglichkeit, Erleuchtung zu erlangen. Es entwickelte sich im Buddhismus auch eine Richtung, die einen gänzlich anderen Weg einschlug: der Tantrismus. Der tantrische Weg versteht sich als Einschmelzungsmethode (samanvaya). Alle Gegensätze werden nicht durch Überwindung, sondern durch Einschmelzung transzendiert.

Eine besondere Meditationsform des Tantra ist der Kuṇḍalinī-Yoga. Der Weg des Schlangenenergie-Yoga erfolgt nicht über die Loslösung von den Anhaftungen, sondern über die Integration aller Wirklichkeitsaspekte. Der Kuṇḍalinī-Yoga geht von verschiedenen energetischen Zentren im Menschen aus, die ihre Entsprechungen entlang der Wirbelsäule des materiellen Körpers haben. Diese Zentren nennt man cakra-s. Cakra heißt übersetzt so viel wie ›Kreis‹ oder ›Rad‹. Anders als im hinduistischen Tantrismus kennt der buddhistische statt sieben in der Regel fünf solcher cakra-s. Der Grundgedanke des Kuṇḍalinī-Yoga ist der, dass die Energie wie eine Schlange eingerollt am untersten cakra ruht und durch den spirituellen Prozess nach oben zum obersten aufsteigt. Hat sie dieses erlangt, vollzieht sich die Vereinigung aller Gegensätze, meist symbolisiert durch die sexuelle Vereinigung des Weiblichen und Männlichen. Alle Wirklichkeitsaspekte sind nun verbunden.

Das erste cakra ist das Mūlādhāra-Cakra, das ungefähr auf Höhe des Steißbeins liegt; ihm ist das Erdelement und der Dhyānibuddha Amoghasiddhi zugeordnet. Das zweite, das Maṇipūra-Cakra, sitzt auf Nabelhöhe. Es wird mit dem Wasserelement und dem Bodhisattva Ratnasaṃbhava verbunden. Im Herzbereich befindet sich das dritte, das Anāhata-Cakra, dem das Feuerelement und der Dhyānibuddha Akṣobhya zugewiesen ist, während das Viśuddha-Cakra im Bereich des Kehlkopfes liegt. Sein Element ist die Luft und Amitābha der ihm verbundene Dhyānibuddha. Das fünfte cakra, das Sahasrāra-Cakra, befindet sich auf Höhe des Gehirns. Ihm entspricht der Äther als Element und Vairocana als Dhyānibuddha. Den einzelnen Cakren sind aber nicht nur Dhyānibuddhas und Elemente zugeordnet, sondern auch verschiedene Keimsilben (mantra).

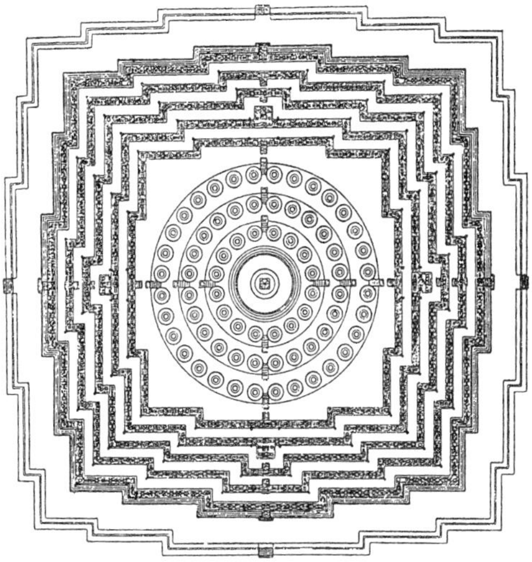

Grundriss des Borobodur (oben), Yantra aus dem 18. Jahrhundert (unten)

Dem Mantrasystem liegt die Anschauung zugrunde, dass sich alles in dieser Welt durch eine bestimmte Silbe, einen bestimmten Klang manifestiert. Die Wirklichkeit manifestiert sich in der Struktur von Silben. Die Beziehung zwischen den einzelnen Silben und den ihnen zugeordneten Wirklichkeitsaspekten ist für Außenstehende jedoch kaum zu erkennen. Mantras bestehen aber nicht nur aus Silben, sondern auch aus ganzen Sätzen. Das vermutlich bekannteste mantra lautet: Om maṇi padme hūm, was mit »Om Juwel im Lotus« wiedergegeben werden kann. In der Meditation kommt dem mantra eine wichtige Rolle zu, da durch seine ständige Wiederholung der damit verbundene Wirklichkeitsgehalt realisiert werden soll.

Daneben spielen maṇḍala-s im tantrischen Buddhismus eine wichtige Rolle. Maṇḍala heißt so viel wie Kreis. Bei ihnen handelt es sich um Schaubilder, die mittels der Symbolik des Kreises und des Quadrats geistige Wirklichkeitsebenen darstellen, welche dem Meditierenden bei ihrer Betrachtung helfen sollen, in diese einzudringen. Während Sand-Maṇḍalas erstellt werden, um sofort nach ihrer Fertigstellung zerstört zu werden, dadurch wird der Aspekt der Vergänglichkeit alles Weltlichen verdeutlicht, gibt es maṇḍala-s, die als Meditationshilfe auf Stoff oder Papier gemalt werden und der täglichen Betrachtung dienen. Zum Teil wurden maṇḍala-s auch architektonisch umgesetzt, was die Tempelanlage von Borobudur auf Java eindrucksvoll beweist. Wie bei christlichen Ikonen sind der künstlerischen Freiheit des Maṇḍalamalers enge Grenzen gesetzt, da sowohl die Symbolik als auch die Farbgestaltung festgelegt ist.

GLOSSAR

Abhidharma – Schule des alten Buddhismus, die als Lehrziel die geistige Durchdringung der Grundbestandteile des Realen ausgab *s. S. 17, 36*

abhidharmapiṭaka (skr.), abhidhamma- (Pāli) – Lehrsammlung dogmatischer Abhandlungen *s. S. 61*

ahiṃsā – Nicht-Verletzen. Ahiṃsā ist die ethische Grundlehre des Buddhismus *s. S. 69 ff.*

ālaya-vijñāna – Speicherbewusstsein, Fachbegriff der Vijñānavāda-Philosophie *s. S. 49*

anattā (Pāli), anātman (skr.) – Nicht-Selbst *s. S. 9, 13 ff.*

Arhat – wörtl. der Würdige, Bezeichnung für den vollkommen Erleuchteten im frühen Buddhismus *s. S. 43, 94*

ātman – bezeichnet im Hinduismus den in jedem Menschen existenten Aspekt der ewigen Wirklichkeit *s. S. 13, 16 f.*

avidyā – Unwissenheit, die die Erleuchtung verhindert *s. S. 9, 20*

Bodhibaum – Baum, unter dem Buddha die Erleuchtung erlangte *s. S. 6, 8*

Bodhisattva – Erleuchtungswesen, leistet Hilfe auf dem spirituellen Weg *s. S. 4, 94 ff.*

Brahmane – Angehöriger der Priesterkaste im Hinduismus

Brahma-vihāra-Meditation – Meditation über die vier göttlichen Verweilzustände *s. S. 101, 103*

cakra – wörtl. Kreis, Rad, bezeichnet geistige Zentren entlang der Wirbelsäule *s. S. 116*

dharma (skr.) = dhamma (Pāli) – Gesetz, Lehre, Ordnung

dharmāḥ (skr.) = dhammā (Pāli) – materiale und mentale Wirklichkeitskonstituenzien

dharmacakra – Rad der Lehre, dieses Rad der Lehre entspricht dem Achtfachen Pfad, den acht Stufen des buddhistischen Heilswegs *s. S. 56*

Dhyānibuddhas – so genannte Meditationsbuddhas *s. S. 52, 54 f.*

dhyāna-s (skr.) / jhāna-s (Pāli) – vier aufeinander folgende Versenkungsstufen *s. S. 101 f.*

dṛṣṭi (skr.) = dhiṭṭhi (Pāli) – Ansicht, Anschauung, Sichtweise

Fünffache Rechtschaffenheit – Grundlage der buddhistischen Laienethik (nicht töten, stehlen, ehebrechen, lügen, Verzicht auf den Konsum berauschender Getränke und den Konsum von Drogen)

Hīnayāna – kleines Fahrzeug, auch als Theravāda-Buddhismus bekannt, die älteste buddhistische Tradition

Jainismus – neben dem Buddhismus die zweite heterodoxe Religion Indiens *s. S. 69 ff.*

Jātakas – Geschichten über Buddhas Existenzen vor seiner letzten Existenz als Buddha *s. S. 88*

karma – Handlung und Resultat der Handlungen, das die Art der Wiedergeburt maßgeblich bestimmt *s. S. 21 ff.*

karuṇā – Mitempfinden, eine der vier buddhistischen Kardinaltugenden *s. S. 88 ff.*

koan (jap.) – eine Art Rätsel, das der Zen-Lehrer seinem Schüler zur Lösung aufgibt *s. S. 58, 114*

kṣatriya – Mitglied der Kriegerkaste des Hinduismus

Kuṇḍalinī-Yoga – Schlangenenergie-Yoga, wird auch als Tantra-Yoga bezeichnet *s. S. 116*

lakṣaṇa – wörtl. Kennzeichen; drei Kennzeichen beschreiben nach buddhistischer Lehre das Wesen der Welt: Nicht-Ewigkeit, Nicht-Ansichsein, Leidhaftigkeit *s. S. 9*

Madhyamaka – Mittigster Weg (eine Gründerschule des Mahāyāna) *s. S. 46*

Mahāsāṅghikas – wörtl. ›die große Gemeinde‹. Gruppe von Mönchen, die sich von den Theravādins auf dem 3. Konzil abspaltete *s. S. 32*

Mahāyāna – großes Fahrzeug, Weiterentwicklung der Mahāsāṅghikas *s. S. 41 ff.*

maṇḍala – wörtl. Kreis; bildhafte Meditationshilfe, die besonders im tantrischen Buddhismus eine wichtige Rolle spielt *s. S. 118*

mantra – kraftgeladene Silbe, die als Meditationshilfe dient *s. S. 54, 116 f.*

mudrā – Meditationsgeste *s. S. 55 f.*

neyārtha – zum Ziel zu führen *s. S. 47*

nītārtha – zielführend *s. S. 47*

nirvāṇa – Beendigung des Wiedergeburtskreislaufs, das Heilsziel des Buddhismus *s. S. 18*

Nyāya – Logikerschule, eines der sechs orthodox-hinduistischen Metaphysiksysteme *s. S. 39*

Pāli-Kanon – Urschriften des Buddhismus, die die Lehrreden Buddhas enthalten *s. S. 60*

parinirvāṇa – absolutes nirvāṇa *s. S. 29*

parinispanna – Fachbegriff für das Absolute in der Vijñānavāda-Philosophie *s. S. 49*

prajñā (skr.) = paññā (Pāli) – Wissen und Weisheit, im Tantrismus das weibliche Prinzip *s. S. 42 f.*

Prajñāpāramitā – Neue Weisheitsschule *s. S. 43 f.*

prapañca – Vielheitlichkeit von Begriffen und Vorstellungen und deren Gehalten *s. S. 46*

pratītyasamutpāda – Lehre vom Bedingten Entstehen *s. S. 9, 98*

Pudgalavāda – Lehre von der Person, Personalismus (Schule des Hīnayāna) *s. S. 38f.*

Rinzai – Schule des Zen-Buddhismus, in der Koans eine wichtige Rolle spielen *s. S. 114f.*

samādhi – wörtl. Sammlung, bezeichnet auch den Zustand der Erleuchtung

śamatha – Ruhe *s. S. 100*

Samatha-Meditation – Geistberuhigungsmeditation *s. S. 101*

Sāṃkhya – wörtlich: Addition, Rechnen; eines der sechs orthodox-hinduistischen Metaphysiksysteme *s. S. 39*

saṃsāra – Daseinskreislauf / Kreislauf der Wiedergeburten

saṃskāra – Gestaltabsichten, Willenstendenzen

saṅgha – Buddhistische Gemeinde, insbesondere der buddhistische Orden

Sarvāstivāda – Lehre, dass alles ist *s. S. 36f.*

sati (Pāli), smṛti (skr.) – Achtsamkeit, Gewahren *s. S. 87*

Sati(u)paṭṭhānameditation – Achtsamkeitsmeditation *s. S. 105ff.*

śāśvata-vāda – Unvergänglichkeitslehre als extreme Lehre, die vom Mittelweg abweicht *s. S. 39*

satori (jap.) – bezeichnet die Erleuchtung im Zenbuddhismus *s. S. 115*

Sautrāntika – altbuddhistische Schule, die nur die Sūtras für autoritative Schriften hielt *s. S. 39 f.*

shikantaza (jap.) – ›nichts als sitzen‹, Meditationsform des Zen, in der es kein Meditationsobjekt mehr gibt *s. S. 115*

siddhi-s – übernatürliche Kräfte, die durch meditative Übungen erlangt werden können *s. S. 112 f.*

śīla – Ethik

skandha – Aggregat, nach buddhistischer Vorstellung ist das menschliche Ich nur eine Zusammensetzung von fünf verschiedenen Komponenten: Körperlichkeit, Gefühl, Wahrnehmung, Willenstendenzen bzw. Gestaltabsichten und Bewusstsein *s. S. 14 ff., 110*

Soto-Schule – Schule des Zen-Buddhismus, in der zazen eine wichtige Rolle spielt *s. S. 114*

śūdra – Angehöriger der untersten hinduistischen Kaste, der in der Regel einfacher Bauer oder Tagelöhner ist

sthavira (skr.) = thera (Pāli) – der Alte und somit Ehrwürdige *s. S. 32*

sukha – Glück *s. S. 102*

śūnyatā – Leere, zentraler Begriff im Mahāyāna-Buddhismus, der auf die Wesenlosigkeit alles Phänomenalen verweist *s. S. 43*

sūtrapiṭaka (skr.), sutta- (Pāli) – Lehrreden Buddhas *s. S. 61*

Svātantra-Madhyamaka – Mittelwegschule, die eigene Schlussverfahren anwendet *s. S. 47*

Tantrismus – siehe Vajrayāna *s. S. 51ff.*

tapas – heißt ursprünglich Hitze; bezeichnet asketische Übungen *s. S. 6*

Theravāda – Lehre der Alten, entspricht angeblich dem Urbuddhismus *s. S. 32*

tongo (jap.) – plötzliche Erleuchtung im Zenbuddhismus *s. S. 57*

trikāya – drei Körper, mahāyānistische Lehre, wonach Buddha aus drei Körpern besteht; dem Gesetzeskörper (dharmakāya), dem Körper des Entzückens (saṃbhogakāya) und dem Erscheinungskörper (nirmāṇakāya) *s. S. 96*

tripiṭaka (skr.), tipiṭaka (Pāli) – Dreikorb, Bezeichnung für den buddhistischen Kanon *s. S. 36*

trisvabhāva – Drei Elementarzustände des Bewusstseins in der Vijñānavāda-Philosophie *s. S. 48*

uccheda-vāda – Vernichtungslehre, Nihilismus als extreme Lehre, die vom Mittelweg abweicht *s. S. 39*

Upaniṣad – mystische Interpretationen der Veden. Die Upaniṣads zählen zu den heiligen Texten des Hinduismus

upaśama – Beruhigung, Stillstellung *s. S. 46*

upāya kauśalya – Gutes bewirkendes Hilfsmittel *s. S. 44*

upekṣā – Gelassenheit *s. S. 102*

Vajrayāna – Diamantfahrzeug, auch als Tantrayāna bezeichnet, dritte große Schulrichtung neben dem Mahāyāna und Hīnayāna *s. S. 50 ff.*

Veda / Veden – heilige Texte der indeuropäischen Einwanderer in Indien, die Grundlage des Hinduismus sind

Vibhajyavādin – Anhänger der Lehre von dem »Zu-Unterscheidenden« *s. S. 35*

Vier heilige Wahrheiten – Grundlehre des Buddhismus *s. S. 9 ff.*

vinayapiṭaka – Ordensregeln *s. S. 27*

Vijñānavāda-Buddhismus / Yogācāra – mahāyānistische Schule *s. S. 37, 47 ff.*

Vipassanā-Meditation – Klarblick- oder Durchblicksmeditation *s. S. 42, 101*

zazen (jap.) – Sitzen in Kontemplation, Meditationsform im Zen-Buddhismus *s. S. 114*

Zen / Chan – Schule des Mahāyāna-Buddhismus *s. S. 56 ff.*

zengo (jap.) – schrittweise Erleuchtung im Zenbuddhismus *s. S. 57*

Literaturhinweise

TEXTE

Aṅguttara-Nikāya: Die Lehrreden des Buddha aus der angereihten Sammlung, Gesamtausgabe in fünf Bänden, Nyanatiloka (Ü), Köln 1969

Dhammapada: Munish B. Schiekel (Ü), Freiburg et al. [2]2002

Dīgha-Nikāya: Die Reden des Buddha. Längere Sammlung, Neumann, Karl Eugen (Ü), Herrnschrot [4]1996 (Neuauflage der Ausgabe von 1912)

Dīgha-Nikāya: Dialogues of the Buddha, 3 Vol. (Pali Text Society), Rhys Davids T.W. & C.A.F. (Ü), London [4]1977

Itivuttaka: Seidenstücker, Karl (Ü), Leipzig 1921

Itivuttaka: Hellmuth Hecker (Ü), Hamburg 1994)

Majjhima-Nikāya: Die Reden des Gotamo Buddhos, Mittlere Sammlung, Gesamtausgabe Bd. 1, Neumann, Karl Eugen (Ü), Zürich 1956

Majjhima-Nikāya: The Middle Length Sayings, 3 Vol. (Pali Text Society), Horner, I.B. (Ü), Oxford 1954

Milindapañha: Nyanatiloka (Ü), Interlaken/ Schweiz 1985

Saṃyutta-Nikāya: Die Reden des Buddha. Gruppierte Sammlung, Geiger, Wilhelm & Mahāthera Nyānaponika & Hecker, Hellmuth (Ü), Herrnschrot 1997

Saṃyutta-Nikāya: The Book of the Kindred Sayings, 5 Vol. (Pali Text Society), Davids, Rhys (Ü), Oxford 1993-1995

Sutta-Nipāta: Mahāthera Nyānaponika (Ü), Herrnschrot 1996

Theragātā/Therīgātā: Die Lieder der Mönche und Nonnen, Neumann, Karl Eugen (Ü), München [2]1923

Udāna: Das Buch der feierlichen Worte des Erhabenen, Seidenstücker, Karl (Ü), Augsburg 1920

Aśoka: Die großen Felsen-Edikte Aśokas, Schneider, Ulrich (Ü), Wiesbaden 1978

Buddhaghosa: Visuddhi-Magga. Der Weg zur Reinheit, Mahāthera Nyanatiloka (Ü), Uttenbühl [8]2002 (nach der 3. rev. Auflage)

Nāgārjuna: Mūlamadhyamakakārikā. Die Mittlere Lehre (Mādhyamika-Śāstra) des Nāgārjuna, nach der tibetischen Version, Walleser, Max (Ü), Heidelberg 1911

Sprung, Mervyn: Lucid Exposition of the Middle Way. The Essential Chapters from the Prasannapada of Candrakirti translated from the Sanskrit, London 1979

Śāntideva: Bodhicaryāvatāra. Eintritt in das Leben zur Erleuchtung, Steinkellner, Ernst (Ü), München [3]1997

Śāntideva: Śikṣā-Samuccaya. A Compendium of Buddhist Doctrine, Bendall, Cecil & Rouse, W.H.D. (Ü), Delhi 21971

ALLGEMEIN

Conze, Edward: Buddhistisches Denken, Frankfurt a.M. 1988 (nach der 2. verbesserten Auflage von 1983)

Conze, Edward: Der Buddhismus, Stuttgart – Berlin – Köln [9]1990

Dalai Lama: Einführung in den Buddhismus, Freiburg et al. 1993

Lexikon der östlichen Weisheitslehren, Bern – München – Wien 1986 (3. Auflage der Sonderausgabe 1995)

Glasenapp, Helmuth von: Buddhistische Mysterien, Stuttgart 1940

Golzio, Karl-Heinz: Wer den Bogen beherrscht, Düsseldorf 1995

Gombrich, Richard: Der Theravada-Buddhismus. Vom alten Indien bis zum modernen Sri Lanka, Stuttgart – Berlin – Köln 1997

Izutsu, Toshihiko: Toward a philosophy of Zen Buddhism, Boulder 1982

Meisig, Konrad: Klang der Stille. Der Buddhismus, Freiburg et al. (ungekürzte Sonderausgabe) 2003

Murti, T.R.V.: The Central Philosophy of Buddhism, London 1980

Notz, Klaus-Josef (Hg.): Das Lexikon des Buddhismus in 2 Bdn., Freiburg (i.Br.) 1998

Schmidt, Kurt: Leer ist die Welt, Konstanz 1953

Schumann, Hans Wolfgang: Handbuch Buddhismus, München 2000

Sturm, Hans P.: Widerspiegelung des Geistes I. Die vier Stadien der Ent–Setzung (in) der buddhistischen Mittelweg-Philosophie, Augsburg 2004

Watts, Alan W.: The way in Zen, Harmondsworth 1985

ENGAGIERTER BUDDHISMUS

Eppsteiner, Fred (Hg.): The Path of Compassion. Writings on Socially Engaged Buddhism, Berkeley 1988

Kotler, Arnold (Hg.): Mitgefühl leben. Engagierter Buddhismus heute, Frankfurt a.M. 1999

Maha Ghosananda: Wenn der Buddha lächelt, Freiburg et al. 1997

Sivaraksa, Sulak: Saat des Friedens, Braunschweig 1995

ETHIK

Chapple, Christopher: Nonviolence to Animals, Earth, and Self in Asian Traditions, New York 1993

Dalai Lama: Der Friede beginnt in dir, Bern – München – Wien ³1994

Harvey, Peter: An Introduction to Buddhist Ethics, Cambridge 2000

Keown, Damien (Hg.): Contemporary Buddhist Ethics, Richmond 1998

Kraft, Kenneth (Hg.): Inner Peace, World Peace, Albany 1992

Schmithausen, Lambert: Buddhism and Nature. The Lecture delivered on the Occasion of the EXPO 1990, Tokyo 1991

Schmithausen, Lambert: Essen, ohne zu töten. Zur Frage des Fleischverzehrs und Vegetarismus im Buddhismus, in: Schmidt-Leukel, Perry: Die Religionen und das Essen, München 2000, 145–202

Thich Nhat Hanh: Innerer Friede Äußerer Friede, München ²1993

Tsomo, Karma Lekshe (Hg.): Die Töchter des Buddha, München 1991

KUNST

Coomaraswamy, Ananda K.: Elements of Buddhist Iconography, New Delhi ²1979

Landaw, Jonathan: Bilder des Erwachens. Tibetische Kunst als innere Erfahrung, München 1997

Schumann, Hans Wolfgang: Buddhistische Bilderwelt. Ein ikonographisches Handbuch des Mahāyāna- und Tantrayāna-Buddhismus, München ³1997

MEDITATION

Aitken, Robert: Zen als Lebenspraxis, München 1998 (Sonderausgabe)

Dumoulin, Heinrich: Spiritualität des Buddhismus, Mainz 1995

Fontana, David: Einführung in die Zen-Meditation. Der Weg durch das torlose Tor, Berlin 2003

Gruber, Hans: Kursbuch Vipassanā, Frankfurt a.M. 1999

Nyanaponika: Geistestraining durch Achtsamkeit, Konstanz 1970

Nyanaponika: Der einzige Weg. Buddhistische Texte zur Geistschulung in rechter Achtsamkeit, Stammbach ³1997

Abbildungsnachweis: S.7 Central Museum, Lahore; S.8, 63 aus Okada, A./Nou, J.-L. (Fotografie)/A. Bareau ›Ajanta. Frühbuddhistische Höhlentempel‹ (Metamorphosis Verlag, 1993), dort S.8 und 135; S.21, 45 55, 59, 117 (oben) aus ›Lexikon der östlichen Weisheitslehren‹ (O.W.Barth Verlag, 2005), dort S.37, 235, 248, 43 und 47; S.51, 117 (unten) aus Tom Loewenstein ›Buddhismus‹ (Taschen Verlag, 2001), dort S.139, 143; S.53 Hans W. Schumann ›Handbuch Buddhismus (Diederichs Verlag, 2000), dort S.243; S.103 K.Ceming/Hans P. Sturm.